U0021819

財稅新布局

Overall
Arrangement

掌握 CFC & ESG

— 讓稅負變稅富 —

台灣財富管理交流協會 著

目錄 CONTENTS

ch1 現象篇 - 被大環境逼退的中小台商

$ch2$ 實戰篇 - 全球財稅新局，台灣要奪勢，還是被淘汰？

$ch3$ 思維篇 - 開啟龍門之鑰，誰來協助富老闆？

 推薦序

財稅依舊是數位時代的驅動力

文／陳 冲（前行政院長）

　　一本書名出現三個「稅」字，這本書縱然不直接談稅，讀後也必然稅稅平安。

　　自從 2010 年，美國肥咖條款（FATCA）問世後，就已埋下全球由租稅競爭走向租稅合作的種子，Tax shelter（避稅手段）及 Tax arbitrage（租稅套利）也將由盛而衰。

　　2014 年 7 月 20 日我在《聯合報》專欄有篇文章「不妨利用肥咖法自肥」，該篇文章雖由 FATCA 立法期間欠缺成本效益分析切入，結語也提到：鑑於國際趨勢，台灣不妨藉力使力，推動與主要國家的 IGA（跨政府模式協議），另並爭取參與 OECD 的稅務行政互助公約，也就是共同申報及盡職審查準則（CRS）的依據。

　　當時響應該公約的國家不多，OECD 也表示歡迎非會員參加，可惜其時財稅高層不以為意，未能重視，直到 2017

年 8 月才由財政部自說自話發布內規，總嫌稍遲，且錯失在國際社群嶄露頭角的良機。

近來，政府試圖努力推動與其他國家進行實質性的 IGA，至於 CRS 早成顯學。而且自 2016 年增訂所得稅法第 43 條之 3，建立營利事業 CFC（受控外國企業，Controlled Foreign Company，簡稱 CFC）制度、2017 年增訂基本稅額條例第 12 條之 1，建立個人 CFC 制度後，行政院更核定 2023 年起國內將正式全面施行 CFC。眼看台灣自主接軌國際反避稅趨勢，一時之間，CFC 成為各大企業經營者及高層的熱門話題，各公開發行公司董事會也相繼討論因應方案，可謂澎湃盛哉。

2021 年本人在影響力投資協會「More than ESG」的演講後，《經濟日報》於 2021 年 9 月 12 日以全版報導重要內容，顯見問題迫在眉睫，國人已日益重視 ESG 與碳中和的議題。同年 11 月，COP 26（聯合國第 26 屆氣候變遷會議）在英國格拉斯哥（Glasgow）舉行，台灣也在一週後呼應，舉辦氣候變遷論壇，凡此環境、社會及治理的議題也正是本書以相當大的篇幅想要與企業溝通，並深入討論的。

數位時代偏逢新世代的企業社會責任，本書以大數據的發展與運用為基礎，面對全球資金流動的透明化，遵法忠

實的財務報表，反而是成本最低的營運方式。甚至在企業成長、轉型、併購、傳承各階段，真實的財務報表，也是交易各方規畫、判斷、籌資最有效的利器。本書最大特色，就是名家聯合執筆，結合法律、會計、財務、企管專家，各展長才，確是一場知識饗宴。

陳冲

＊註釋

FATCA 美國海外帳戶稅收合規法（Foreign Account Tax Compliance Act，FATCA），簡稱「肥咖條款」，是 2010 年美國通過的一項聯邦法律，該法要求所有非美國外國金融機構有義務搜尋美國公民在該機構的金融活動記錄，並向美國財政部報告這些人的資產和身份。

稅，攸關人民福祉，更是國家競爭力的關鍵

文／許慈美（財政部賦稅署署長）

近年我國中央政府稅收占總收入約八成，印證了財政學名言：「財政為庶政之母」。古羅馬政治家西賽羅（Marcus Tullius Cicero）也曾提到：「稅收是國家的主要支柱。」顯見唯有穩固的稅收，國家才能施行利益人民的建設與發展。

很多人或許沒發現，稅的角色不只攸關人民福祉，更與國家長期競爭力及經濟活絡息息相關，尤其近年國際租稅環境急遽變化，對長期以出口為導向的台灣而言，無論是政府還是民間都深受影響，因此更需要有萬全的準備，以因應這瞬息萬變的經濟環境。

2013 年，經濟合作暨發展組織（Organisation for Economic Cooperation and Development，簡稱 OECD）曾應 20 國集團（G20）要求，發布「解決稅基侵蝕與利潤

移轉報告」（Addressing Base Erosion and Profit Shifting Project，BEPS），並於2015年底分階段完成15項BEPS行動計畫（Action Plan on Base Erosion and Profit Shifting），各國政府制定因應相關國際反避稅法規之參考基準。

爾後隨著科技進步與貿易便捷，全球化及透明化已然成為主流趨勢，2014年，OECD為了避免納稅義務人利用金融資訊保密特性，將所得或財產隱匿於外國金融機構規避稅負，特別界定國際新資訊透明標準為「稅務用途資訊（含金融帳戶資訊）自動交換」，並參考美國「外國帳戶稅收遵從法」（Foreign Account Tax Compliance Act，簡稱FATCA，又稱肥咖法案），發布「共同申報及盡職審查準則」（Common Reporting Standard，CRS），以此做為各國執行金融帳戶資訊交換、國際間同儕相互檢視的標準。我國積極與經貿往來密切國家洽簽租稅協定，切實執行國別報告及金融帳戶之資訊交換，稅務資訊透明化已是現在進行式。

此外，各國為吸引外資發展經濟紛紛進行租稅逐底競爭，世界各地的投資人為降低跨國經濟活動所產生的稅負，必然會比較各個租稅管轄區的租稅優惠，再選擇稅負較低地

區進行布局，其中又以在低稅負國家或地區投資成立子公司做為租稅規劃工具的情況最為常見，也嚴重侵蝕各國稅基。2019 年，OECD 進一步推動 BEPS 2.0 包容性架構之數位經濟課稅改革方案，包括「全球利潤分配稅制」（Pillar one；支柱一）及「全球企業最低稅負制」（Pillar two；支柱二）等，預計於 2023 年施行，雖然部分歐盟會員國建議推遲實施，惟未有定案，無論未來國際租稅制度發生何等變革，跨國企業集團必將時刻關注，以因應這勢不可擋的國際稅制新潮流。

在此氛圍之際，欣見此書的出版，且內容結合多位資深律師、會計師以及專家共同執筆，無論是國際租稅務的趨勢、台灣中小企業的財務稅務真實樣貌，還是環境、社會責任及公司治理（Environment, Social and Governance），全球正在推動的淨零碳排放對台灣企業永續經營的挑戰與機會等，均一一具體而微地加以探討，宏觀又深入淺出，在在都能引發閱讀者（無論是個人或是經營者）對於稅務觀念建立「繳納合理稅負」的新思維，而不是一味的排斥或規（逃）避稅捐，這對於企業永續經營，以及國家健全財政、公平稅制與簡便稅政的長期發展，都是非常正向的實用讀物。

展望未來，期許更多來自產業界、學界、公部門等專業

人士，共同攜手投入，讓台灣的投資環境更具全球競爭力，透過租稅政策帶動產業發展，讓更多企業有能力負擔更多的社會公民責任外，也一起為台灣的經濟成長貢獻一己之力，讓我們以此共勉之。

許芝美

稅負 VS. 稅富：富老闆的 CFC & ESG 財稅新腦袋

文／台灣財富管理交流協會理事長　陳榮隆

　　「換了政策，就應換了腦袋？」在商品、服務及投資市場中，能夠說「信我者得永生」者，除了上帝以外就是政府，因為政府與上帝一樣是全能的（Almighty），擁有各種胡蘿蔔與棍子（Carrots and Sticks）的政策工具。所以華爾街有句名言：「永遠不要與 Fed 作對」，畢竟 Fed（Federal Reserve System，美國聯邦準備系統 / 聯準會）掌握貨幣政策，有權控制貨幣供給量，「萬般利空，不如貨幣寬鬆；萬般利多，不敵貨幣緊縮」，當貨幣量化寬鬆（Quantitative Easing，QE）時，所有經營、投資，都能順風、順水，所有資產都會水漲船高；反之，當貨幣量化緊縮（Quantitative Tightening，QT）時，所有經營、投資，都會逆風、逆水，所有資產都會瘦身、縮水。

「換了法令，就應換了腦袋？」如眾所周知的，每次法令的變動，均會造成財富的重分配，對「有識之士」會是獲利的契機，但「不此之圖」不知見風轉舵、順水推舟的人，就有淪為波臣的危機。

　　「換了科技，就應換了腦袋？」機械克服了人類體力、技術的極限，電腦超越了人類記憶、運算的極限，當大型機具及精密機械的問世，高速電腦（High Performance Computing，HPC）、量子電腦（Quantum Computer）的出現，人類在承載、運送、儲存、蒐集、運算上，思與之對抗，猶如螳臂擋車、不自量力。尤其在數位時代，科技 AI（AI，人工智能）、B（Big Data，大數據）、C（Cloud Computing，雲端運算）也將影響每個人的 ABC（Anybody' s Competitiveness，個人競爭力），科技能力的落差，將限制我們任何一位的競爭力甚至想像力。

　　「換了思潮，就應換了腦袋？」以往的法律思潮認為追求股東最大利益是公司的天職也是神聖使命，也就是說公司是以營利（創造利潤）為唯一目的，所以公司法第一條規定本法所稱公司，謂以營利為目的的社團法人；但晚近國際法律思潮有所改變，認為公司除以營利為目的外，尚須增進公共利益，做好保護環境（Environment），並善盡企業社會

責任（Corporate Social Responsibility，CSR），以及遵守法令、商業倫理，做好公司治理（Governance）。所以於公司法第 1 條增設第 2 項規定：「公司經營業務，應遵守法令及商業倫理規範，得採行增進公共利益之行為，以善盡其社會責任。」要求公司做好 ESG（Environment、Social、Governance）使企業能永續經營、環境能永續發展。

目前在國際金融及財稅，正處於集思潮、法令、政策、科技四大變化於一身的完美風暴中，一波一波地襲擊全球，而首當其衝的是反避稅及落實永續發展兩領域。

國際資金的異動，首先受到反洗錢（Anti-Money Laundering，AML）、反資恐（Countering the Financing of Terrorism，CFT）的兩波洗禮，使國際資金的移動受到很多限制與關切，第三波則受到反避稅的衝擊。

反避稅發端於美國，2010 年通過的聯邦法律「海外帳戶稅收遵從法」（Foreign Account Tax Compliance Act，FATCA，肥咖條款），發揚於 OECD（經濟合作暨發展組織）2010 年發布的「共同申報及盡職審查準則」（Common Reporting Standard，CRS）及 2019 年推動的「全球利潤分配稅制」與「全球企業最低稅負制」，預計將於 2023 年施行。我國除了積極與經貿往來密切的國家洽商租稅協定

外，並致力修改或制定相關法令，落實租稅資訊的透明化及國際化。

「富腦袋，富口袋？」當全球為減緩地球暖化的速度，已有 130 多個國家宣示「淨零排放」目標，我國國發會也順應此一潮流，於 2022 年 3 月 30 日公布 2050 年淨零排放路徑，提出了四大轉型策略（能源轉型、產能轉型、生活轉型、社會轉型）及兩大治理基礎（科技發展、氣候控制），未來近 30 年間，攸關全國、全民、各企業的法令、政策、思維、科技都即將有重大改變，企業及個人的腦袋，當然也要跟著改變，朝向地球及企業永續發展的 ESG，將會是化危機為轉機的良機，也會是獲利的最大契機。

「窮老闆 vs. 富老闆，稅負 vs. 稅富」稅收是國家從事公共建設、保障社會福利、提升國家競爭力、確保經濟發展及支付公務員薪給 / 退撫的最重要財源，所以憲法上規定人民有納稅的義務。

但稅收對政府而言是稅賦，對企業或個人而言則是稅負，如何取得均衡至為重要，尤其如能相輔相成、相得益彰，達到多贏（Win-Win-Win）的目的，則更是國家之幸、萬民之福。邇來各國為達成碳中和，除祭出「碳稅」的棍子，也送出「碳權」的胡蘿蔔，在獎罰分明下，窮腦袋的老

闆將負擔碳稅的稅負，富腦袋的老闆將享受碳權的稅富，相去不可以道里計。

擁有健康的財務觀，才能累積真正的財富

文／台灣財富管理交流協會

相信你一定聽過，沒錢更要理財，但具體而微的理由究竟是什麼，是否有明確概念？曾有人如此註解：所謂「理財」是精算使用每一分錢，讓財務狀況處於最好狀態，在擁有一定的生活品質之外還能把握每一個投資機會。你是否也認同？如果是，那麼懂得如何理財之後必然能累積一定的財富，而財富是否也該有詳細規劃，才能逐日厚實或者至少能夠不受通膨影響而縮水？

台灣財富管理交流協會初衷便是立基於此，希望培養每個人有健全的財務觀，尤其台灣許多中小企業主，胼手胝足，一步一腳印，好不容易有所成，成為台灣經濟成長中流砥柱，卻對財務少了長遠縝密的規劃，因此一旦遭逢全球稅務政策的變化，稍一不慎，便被龐大的稅務纏身，導致財務

嚴重失衡，阻礙公司成長，怎能不教人扼腕？

　　而一度遠渡重洋到世界各地開疆闢土的台商，除了必須積極面對全球驟變的經濟趨勢之外，也面臨企業接班、資產如何返鄉回台等等問題，這一切如果沒有相關專業財務規劃人員提供協助，勢必更加困難重重。

▶ 財務長外包，健全財務全面透明化

　　「財務長外包」概念於焉成形，匯聚經營管理人才、財務規劃專業人員、專司律法的業界翹楚組成最強團隊，齊心一力，協助中小企業，讓財務全面透明化，健全企業財務體制，使其得以游刃有餘面對難以預期的世界金融稅務潮流。

　　此外，不定期舉辦各類講座，邀請各界財經專家、學者以其豐富的實務經驗，研討、分享國內外最新財稅政策，讓有心從事理財規劃的人能有機會更通澈瞭解國內外租稅環境，無論未來是否有意以此為業或者單純為自己的財富超前布署，都是一個健康的開始；唯有擁有健康的財務觀，才能有機會累積屬於自己的財富。

　　2022 年協會更將此理念觸角伸得更廣，邀約國內著名稅務專家、會計師、律師、專業財務顧問等人為文，透過真

實案例詳述國內外稅賦、法規、政策等等相關變化，進而集結出版《財稅新布局：掌握 CFC&ESG 讓稅負變稅富》一書，希望能讓更多人對財富與稅賦有更深一層的認識，可以好好理財規劃，累積更豐厚的財富。

一如「沒錢更要理財」，財務規劃也與財富多寡無關，小至個人、中小企業甚至集團都需要縝密周全規劃財務，唯有如此才不至於輕易匱乏，而財務透明化更是關鍵，彷彿打通任督二脈，無論未來計畫投資或者置產與銀行往來都能暢行無阻，能獲得更多資源更好的優惠！

你也有財務相關疑問或想瞭解更多相關理財知識，甚至擁有獨到的財務管理見解，歡迎至「台灣財富管理交流協會」網站（https://www.ac-wmat.org/），一起分享交流，讓我們一起讓財富更自由，人生更優游！

每個老闆該知道全球稅法變革對財富的四大影響

文／楊淑卿

　　台商征戰全球，以往在稅負考量下，逐節稅而居，經年努力累積豐碩的海外資產後，慣於將錢放在**所謂的租稅天堂**，希望能避免稅務稽徵問題，安守財富。殊不知**科技查稅**與**反避稅制度之建立已是全球趨勢**。全球及我國執行共同申報及盡職審查準則（CRS）實為大勢所趨，使得**台商貿易金流不能說的秘密也將被揭露**。而因應反避稅與永續經營大方向下的全球財稅新變革，對於未來企業經營產生諸多影響。

一、全球版肥咖 CRS 實施對台商的影響

　　經濟合作暨發展組織（下稱 OECD）於西元 2013 年 2 月發布**稅基侵蝕與利潤移轉**（Base Erosion and Profit Shifting，下稱 BEPS）報告，同年 7 月發布 BEPS 15 項行

動計畫。2015 年初國際調查記者聯盟（ICIJ）公布巴拿馬文件，披露許多跨國企業運用租稅天堂避稅之普遍現象，OECD 及 G20 高峰會乃呼籲並協助各國政府完善其國內租稅法令，並透過跨政府間之合作，共同打造完整的反避稅網絡，以有效打擊稅基侵蝕及利潤移轉問題。

另為解決納稅義務人利用金融資訊保密特性，將所得或財產隱匿於外國金融機構規避居住地國稅負情形，OECD 於 2014 年發布「稅務用途金融帳戶資訊自動交換準則」，包括**共同申報及盡職審查準則（CRS）**及**主管機關協定（CAA）**，100 多個國家或地區自 2017 年起陸續承諾依前揭準則進行金融帳戶資訊自動交換。

OECD 及歐盟等國際組織定期公布不合作租稅管轄區名單，我國為避免列入不合作名單，順應國際資訊透明趨勢，於 2017 年 6 月 14 日增訂公布稅捐稽徵法第 5 條之 1、第 46 條之 1，完備按國際新資訊透明標準互惠進行稅務用途資訊（含金融帳戶資訊）交換法律依據，並於同年 11 月 16 日訂定發布「**金融機構執行共同申報及盡職審查作業辦法**」。

運作模式為申報金融機構依國內 CRS 法令，進行金融帳戶盡職審查，向稅捐稽徵機關申報應申報國居住者之金融帳戶資訊，依據多邊公約、雙邊租稅協定或稅務資訊交換協

定（TIEA），每年定期將該等帳戶資訊自動交換予締約他方主管機關。

我國雖因國際地位的特殊性，目前只與日本及澳洲、英國正式簽訂個資交換的協定。但是，許多境外公司為方便資金調度，將帳戶開立在我國境內銀行的 OBU，只要國稅局要調，完全不需要透過資訊交換，銀行必須依法提供。國稅局一旦確認背後實際負責人具有台灣稅務居民身份，在**受控外國企業**（Controlled Foreign Company, 以下簡稱 CFC）新稅制上路後，相較以往引用經濟實質課稅原則，將有更直接的法令依據及動機進行查核。另外，有台商為了不想在境外投資地主國繳稅，主張是台灣稅務居民，也要小心，目前已有地主國財政部將課稅資料主動交換來台，讓台灣政府課稅的案例。

二、CFC 實施對台商的影響

為防杜跨國企業或個人藉於低稅負國家或地區成立 CFC（受控外國企業），保留盈餘不分配，規避我國稅負，配合國際反避稅趨勢，我國於 2016 年 7 月 27 日增訂所得稅法第 43 條之 3，建立營利事業 CFC 制度，並於 2017 年 5 月 10 日增訂所得基本稅額條例第 12 條之 1，建立個人 CFC 制

度。為避免對台商全球投資布局造成影響，前開制度的施行日期，授權由行政院訂定。立法院 2019 年 7 月 3 日三讀通過「境外資金匯回管理運用及課稅條例」（以下簡稱**境外資金匯回專法**），附帶決議請財政部於資金專法施行期滿（2021 年 8 月 14 日）後 1 年內，報請行政院核定 CFC 制度施行日期。為因應 OECD 推動實施全球企業最低稅負制，行政院於 2022 年 1 月 14 日核定營利事業 CFC 制度及個人 CFC 制度分別自 2023 年度及 2023 年 1 月 1 日施行，以接軌國際反避稅趨勢。

台商征戰全球，以往在稅負考量下，逐節稅而居，經年努力有了豐碩的海外資產後，想要鮭魚返鄉，卻因為稅務問題猶豫不決。我國 2019 年 8 月 15 日實施境外資金匯回專法後，透過租稅減免之誘因，吸引境外資金回台，以挹注境內實質投資及促進整體經濟發展。

境外資金匯回專法於 2011 年 8 月 14 日落日，根據財政部及經濟部統計資料顯示總計 3,253 億元境外資金申請並獲准匯回，實際匯回 2,704 億元，其中只有 959 億元實質投入境內產業，顯見資金回台的目的，很大比例不是投資，是考量未來匯回仍會面臨查稅的風險，而資金回台專法的稅率相對划算。至於錯過資金回台專法的老闆們，需要更專業的

布署，讓辛苦賺來的資產跟人一起回台，以免人在台灣，錢在海外，看得到，花不到。

近年來，OECD 要求免稅天堂國家制定所謂的「經濟實質法」，使不具實質營運的公司，回歸各國稅法納稅，例如台灣的 CFC 或者實際管理處所（PEM）稅制。境外公司，基本上已經失去降低稅負的功能。

三、碳中和對產業帶來天翻地覆的改變，並衍生出贏家和輸家

氣候變遷已成為全球不得不面對的重要課題，2015 年12 月正式通過的巴黎協定（Paris Agreement），195 個締約國一致接受協議內容，同意減少碳排放量。該協議於2016 年 11 月 4 日正式生效，並於 2021 年正式啟動，期望能共同遏阻全球暖化趨勢，於 2100 年前把全球平均氣溫升幅控制在工業革命前水準以上低於 2℃之內，此協議直接影響二十一世紀全球各行各業的發展。

依據慕尼黑再保險發布 2021 年天災的全球財損，總額高達 2,800 億美元，國際間為抑制氣候變遷所帶來的巨大衝擊，紛紛宣告減量目標。其中淨零排放與碳中和為 2021 年以來全球最受矚目的關鍵議題。

減少碳排，是各國達成碳中和的主要手段。各國紛紛從排放交易市場、貿易手段、金融手段等層面著手。貿易方面，為避免碳洩露風險，歐盟率先決定將碳排放交易市場機制擴大至進口品，出口至歐盟的產品須購買排放配額，即碳邊境調整機制（Carbon Border Adjustment Mechanism，簡稱 CBAM）。

　　金融方面，則有引導資金流入永續活動的永續分類標準等。越來越多報告指出，**氣候變遷創造了前所未有的投資機會，隨著全球經濟趨向淨零排放腳步邁進，只有走在轉型最前端，才能取得最佳投資報酬。**

　　微軟創辦人比爾蓋茲的投資新歡是「氣候科技」，預言該項投資的未來報酬率將會超過目前的科技巨頭，甚至會誕生 8 個特斯拉，乃至 10 個。而國際各大品牌公司積極擘劃減碳，也引領價值鏈變化，蘋果電腦宣示 2030 年整體業務、供應鏈和產品達到 100% 碳中和，2021 年 10 月 2 日蘋果電腦在 COP 26（氣候大會）即將召開前夕，公布新增的六十餘家轉換至再生能源的供應鏈廠商，其中有國巨、TPK-KY 和欣興電子等台廠。這意味著蘋果宣布 2030 年達到碳中和是來真的。眾多台廠因此被要求承諾零排碳，供應鏈不施行「綠色製造」，就沒訂單。

我國經濟以外貿導向為主，在「**碳不淨零，訂單就淨零**」的情勢下，相關部會因應氣候變遷，也採取相應的作為：

　　（一）環保署於 2021 年 10 月 21 日公告《溫室氣體減量及管理法》修正為《氣候變遷因應法》草案，明定溫室氣體長期減量目標為 2050 年淨零排放，也納入「碳費」徵收制度，將對國內排放源及高碳含量之進口產品徵收碳費。草案預計今年送立法院審議，相關子法如碳費徵收辦法，在母法通過之後加速制定，最快 2023 年開始徵收碳費。環保署規劃第一階段徵收對象為每年排碳 2.5 萬公噸以上的「排碳大戶」，估僅 287 家排放量共 2.27 億噸，約占全國碳排八成，主要為發電業、鋼鐵業、石油煉製業、水泥業、半導體業等。

　　（二）國發會則公布 2050 淨零碳排路徑圖。根據國發會《臺灣 2050 淨零排放路徑及策略總說明》淨零路徑政策方向，主要以「能源轉型」、「產業轉型」、「生活轉型」、「社會轉型」等四大轉型，及「科技研發」、「氣候法制」兩大治理基礎，並以「十二項關鍵戰略」具體落實淨零碳排的目標。

　　（三）金管會於 2022 年 1 月 13 日宣布上市櫃公司永

續發展路徑圖，從 2023 年起到 2029 年，以 7 年時間，採 4 大階段，達到全體上市櫃公司做到「碳盤查」及「查證」的終極目標。

我國面對淨零時代，仍有諸多尚待解決的問題，包括淨零路徑排除核能選項，再生能源發展相對困難；台灣有 19 萬家企業急需建立碳盤查能力，目前僅 7 家驗證機構，碳盤查驗證機構嚴重不足，有待環保署修法放寬資格開創國內機制與機構驗證；以及各界對於碳費的估計差異仍然很大（從台幣數百元到到美金 300 元）。

「碳中和」是未來 30 年的長期趨勢，無論是經濟增長模式和產業結構、能源結構的調整，還是消費模式、生活方式及生態建設，都將受此影響。政府部門、企業界、金融界，都應該要積極地因應，個人更應善盡地球公民的責任。

四、如實記帳建立正確的財務報表是企業永續經營的關鍵

隨著數位科技進步，大數據運用在查稅上，企業的營運資料更加透明，國稅局透過相互比對分析，相較以往，更容易找出涉及逃漏稅的異常案件，企業必須有新思維，稅負是經營企業必要的成本。

以往營業收入及非營業收入淨額在 3000 萬元以下的小

型企業，引用書審制度報稅，某種程度導致企業老闆不重視會計報表。其實，如實記帳不是為了應付稅務機關，而是為了企業的永續發展。

台灣經過幾十年的經濟發展，許多老闆意識到，無論是企業成長、轉型、併購、傳承，關鍵點就是財務規劃必須提早進行。聰明的企業家，創業初期會運用財務槓桿創造成功的第一桶金，邁入成長期或是轉型期，懂得利用正確的財務、稅務策略進行轉型。

企業轉型的資金來源有三種：自己的、別人的、銀行的！自己的錢再投進去，風險大。用別人投資的錢轉型，賠了不用還，是把風險轉嫁給其他人一起承擔。當一家公司財務不透明，財報不好看，稅務風險無限大，誰要投資這家公司？那麼公司報表好不好看，報表真不真實，有沒有風險，就非常的重要。

企業沒有正確的財務報表，縱使實際上獲利豐碩，也沒有人願意借款或投資。相反的，如果帳務清楚完整，單憑歷年的經營成果，銀行就願意融資，投資人也願意溢價認股。再者，如果企業透過併購布局，花錢在對的時機，買到對的資源。併購必須進行盡職調查，包括固定資產、知識產權、土地使用權、存貨等、員工團隊、業務和客戶等。帳目健全

透明，有利於盡職調查，想要透過外帳，完成盡職調查，大有難度。

顯見，要拿別人的錢來做轉型再創企業高峰，投資人看的是公司的價值，而如何透過財務報表呈現公司的價值，就是富老闆應該具備的思維，必須重視正確的財務報表、合規的稅務遵循，這可藉由專業人士協助企業導入正軌，進而實現募資、出售公司股權。甚者，**在資金越來越透明，稽徵機關查稅能力越來越強大的時代，讓人信賴的財務報表，不僅僅對內部股東有交代，免除被國稅局補稅處罰的風險，也有利於取得源源不絕的外部資金。**所以企業真正價值的彰顯，永續經營的根本，還是回歸財務的合規合法。

嬰兒潮世代企業家對於我國的經濟發展具有重要之意義及貢獻，年屆「知天命」的他們，正面臨「交棒」與「接班」的問題。「交棒」有一個非常重要無法被取代的工具，就是「財務報表」。

中小企業普遍無法讓接班者從財務面順利接班的理由，首要因素就是「沒有反映企業經營的真實財務報表」。書面審查制度，為中小企業主提供簡便的營所稅申報選擇，某種程度也導致財務報表的質量產生偏差。財務報表是提供管理當局進行決策評估及溝通股東及對外使用，不僅做為核算稅

負之用。

所謂「先財後稅」的概念，是先有「財務報表」，再依所得稅法及其查核準則相關規範調整出「稅務報表」，據以核算稅負。但部分中小企業主的理解有所出入，報表未供決策使用，僅做報稅使用。這種錯誤的認知，「以稅領財」，未妥善利用報表於未來的經營規劃，甚為可惜。**企業的傳承接班，如果善用「報表」找到切入點，不失為一個良好且具高質量的銜接模式，因為「接班」的目的，是站在交棒者的肩膀上，以策略思維創新及布局，延續企業的核心競爭力及命脈。**

沒有「報表」的「接班」，意謂著，所有的決策，憑藉的不是科學，是「血緣」，雖然接班者可以快速決定，但缺乏正確的財務報表做基礎，難以立竿見影地贏得團隊對接班者的支持與信心，甚至可能造成企業經營的斷層或置於險地。接班者如何在短時間內達到「立威」及「證明自己能力」呢？

最容易找到切入點的，就是財務報表。藉由財務報表的各類型資訊，將企業的營運活動逐步地抽絲剝繭，拆解關鍵因素，找到核心議題，對症下藥，便可以在較短的時間內，立下並累積階段性戰功，從而獲得交棒者的支持與信任，順

利完成「交棒」與「接班」。

　　未來的年代，企業面對 CRS、CFC 等國際反避稅潮流、2050 年碳中和淨零碳排、大數據查稅等外在環境的鉅變，以及思維財務報表在企業成長、轉型、併購、傳承階段擔任重要角色等議題，無論台商個人、企業暨境外公司都應採取行動積應對，本書邀請財稅界律師、會計師及顧問專家，毫無保留地分享他們第一手的觀察及案例經驗，為全世界的台商，以及台灣中小企業提供最前沿的稅務知識，掌握永不被淘汰的核心競爭力！

ch1 現象篇

被大環境逼退的中小企業與台商

01. 到底是誰出賣了企業主？

文／賴建呈

老闆們對財稅新布局的迷思 ————

Q1：中小企業誠實納稅正規節稅真的會吃虧嗎？

Q2：慣用的書面審查申報制度不用擔心被查稅嗎？

Q3：放在境外銀行帳戶（OBU）的錢不需要申報嗎？

很多時候，如果依法照實申報，稅又繳的不多，那麼你的配合意願有多高？相信大部分的人都會願意，但是每當聽到後續執行面的準備，又會有一堆企業主打退堂鼓。所以業界，有人形容面對國稅局其實很像面對服務業，如果你貪圖方便想要省麻煩，那麼多繳一點服務費，自然合情合理。

更多的時候，隨著稽徵技術愈來愈進步，稅捐稽徵單位可以更方便地進入許多「後台」，這使得國家能跟我們收取

「服務費」的資本資料，越來越容易取得，也越來越完備，而做為納稅義務人的你我，常常因為無法看清全局，使得自己暴露在漏報、被追繳的風險裡而不自知。

▶ 從書審的概念談起

台灣有超過九成的企業屬於中小企業，特別有許多小額營業人是全年營收在新台幣三千萬元以下的營利事業，適用「擴大書審」範圍。

擴大書審的概念就是，你只要完整地提供兩張符合比例的報表（資產負債表、損益表），書表齊全，自行依法調整之純益率在標準以上（數據通常來自經濟部工商普查結果），國稅局就在符合規範比例下核定稅額，而你只要在申報期限截止前繳清應納稅款，國稅局就會按照你的申報案件予以書面審核。

舉個例子，如果你是餐飲業者，餐飲業的同業利潤率是 6%，那你的報表只要符合 6% 以上，就符合申報規定。

依法每個人、每家企業都不應該有做假帳、編報表這件事，因為誠實納稅是義務、是法律。當簡單的編製報表、配合調整比例就繳不到什麼稅的時候，就沒有人想要面對又麻

煩又厚重的帳本或者誠實納稅了。因為繁複的紀錄了一整年的帳冊、報表，未必比用編的兩張報表稅繳的少，所以許多聰明的商人漸漸衍生出一種心態，有一個稽核辦法說你的純益率只要超過 6%，就過關了！那麼真正賺進「數十趴」（從 6%~%99）的你，還會誠實申報嗎？

接下來，很多事就積非成是，因為只要完整填完申報書，在誠信原則之下，國稅局接受你的申報，然後承辦人依法抽查（過去被抽查的比例大概只有 5% 左右），反正依照機率，大約二十年才會被查到一次，又就算被查到，也不過依據純益率標準核課，只要被逮到之後，配合度良好，多少加罰一點就結案了，於是乎許多人都抱著這樣僥倖的心態，因為逃 20 次被逮一次就算補加罰，至少還賺 19 次。

於是乎這一系列連動的習慣就改變了中小企業財會的功能。假設有一位企業主實際上毛利是 60%，在純益率為 6% 的前提下，還有 54% 的空間可以操作：房租、薪資、業務開發（交際應酬）等等。

就企業主而言：有很大的彈性可以去調整並做些順水人情。譬如說薪資、房租以多報少或甚至不報，員工、房東皆大歡喜，企業主也會願意接受，不會在意這些成本沒有單據可以核銷，因為他有幾十趴的調整空間，至此，繳稅就變成

繳規費了！

就學校而言：管理會計的功能已喪失，既然專業無用，簿記、初級會計的基本功就不用鑽研太深了，**正規的節稅、可供經營管理、可以用來跟銀行打交道的財會帳冊報表在適用書審的中小企業中就此失傳。**

▶ 從水電費開始開發票，你就被出賣了！

原本一切風平浪靜，因為營收多少、利潤多少，是小額營業人、擴大書審適用企業「自己說了算」，稽徵機關根本不會知道，可是隨著稽徵技術不斷進步，很多事情在現在都改觀了，我們可以隨便舉幾個例子。

有看過水電費帳單嗎？它清楚記載了尖峰用電、離峰用電、今年與去年同期比較等等相關數據，當它從 105 年 1 月 1 日以後，從收據變成了發票，也就代表相關數據跟稽徵機關同步了。

例如數據顯示你的營收只有這麼多，但是用水量跟用電量卻明顯跟大數據平均計算下來的結果有很大的落差，那麼就不難發現有問題。

接著，當金管會在 106 年年底授權稽徵機關可以調閱銀

行存款資料時，例如：每個月定期、定額轉給特定對象，單單就這類轉帳紀錄，就可以查察兩件事：一、這位特定對象可能是房東，二、特定對象也可能是公司員工。房東、員工如果沒有自行申報收入，那麼你就是配合他逃漏稅，兩個都要罰。

同樣的道理：你收到的現金會不會拿去存銀行？

你會不會付款進貨？那麼如果數字兜不攏，就很奇怪了，營業額沒那麼高，進那麼多貨幹嘛？所以**就算沒發票，你的金流已經出賣了你自己！你的生活大數據，讓一切帳目無所遁形。**

事實上在現代數位經濟時代下，稽徵機關稅務行政數位化已經是先進國家的趨勢，也就是說，**當電腦可以開始統計所有憑證資料的時候，你我的日常消費，小到買杯飲料的統一發票，大到買房買車的貸款申辦資料，一切都可比對，統統一清二楚。**

例如買賣不動產，無論買方賣方如何虛構價格，如何配合在帳目上做調整，都不重要，問題是，只要你有貸款，你透過銀行借錢，那就會出現銀行的授信報告。你買屋的價格是銀行貸款給你的條件，那麼其實只要精算一下你的還款能力，就不難回推上一手的合乎邏輯的成交價格。

再者，現在買房子為了降低交易風險，除了買賣契約之外，大家都還會簽署一份買賣價金履約保證申請書，這實際上這就形同暴露金流軌跡，大數據談的就是這樣的資料。在交易的過程中，沒有人要故意要害人，也不需特別有人檢舉，光是這些現在慣用的業務往來資訊、消費資訊，一旦所有的資料在銀行、大數據間可以連接，只要當中有一個環節不誠實，稅務麻煩就很容易找上門。

過去，國稅局沒有人力處理舉國龐大的帳目報表，隨著一切都數位化，即便是年營收三千萬元以下的公司，國稅局也可以透過電子化高效率地完成建檔與分析。

還有新聞報導指出，曾經有營業人漏開一堆發票，一年統計下來，想要開發票把資料都補上，後來又將這些補開發票當中的中獎發票拿去兌獎，結果馬上被國稅局逮個正著。

因為，如果你是紙本發票，領獎時要填寫身分證號，一經比對怎麼你這個人的中獎機率特別高？如果是用電子支付，那麼領款人跟電子支付不是同一位也非常奇怪，因為在法律的概念，如果是 A 付錢，兌獎人是 B，要不就是 A 撿到 B 的發票，嚴格來說那叫「侵占遺失物」，那如果是 B 轉給 A 的，最起碼也可能叫做「贈與」！

▶資金專法落日後，OUB 帳戶成最大地雷

現在對很多銀行「大戶」而言，當國稅局做為稽核單位，有能力與銀行後台「連線」的時候，許多麻煩才正要開始！

同樣用小額營業人當例子。你的同業利潤率 6%，盈餘分配全分配好，那過去十年下來，營收用同業利潤率 6% 來算，三千萬元的營收就賺一百八十萬元。所以過去十年，你頂多口袋裡面只有一千八百萬元，現在，當你買進一個不動產，結果頭款一付，實價登錄就是二千萬元，事情就大條了，銀行其實什麼都沒做，但是光授信報告裡的當事人就麻煩了，銀行不是故意的！

更何況，對於大客戶，很多銀行還必須要分析客戶的資金來源，光是這一點，客戶的麻煩事就一堆，許多實務案例就是這樣被稽徵單位找上門，這樣的案例的數量與嚴重性，其實超過我們一般的想像。

因為銀行的報告會詳述客戶的財力為什麼可以支付？例如不動產。因此國稅局看到的是：「他口袋裡面的錢不應該超過一千八百萬元，這是他過去給我的報表的數據，」從申報所得紀錄來看，他不應該有一千八百萬元以外的錢，除

非他有其他投資收益，或者來自於別人的贈與，而贈與也應該要申報過，如果統統都沒有，那帳面上，他就應該買不起（或是遺漏申報？）。

許多銀行現在碰到另一個更嚴肅的問題是**共同申報及盡職審查準則**（Common Reporting Standard，簡稱 CRS）之後，許多大客戶在**境外銀行帳戶**（Offshore Banking Unit，簡稱 OBU）帳戶上所面臨的巨大風險。

所謂「CRS」，是源自各國政府金融單位對於洗錢防制的共識，聯合推動全球金融帳戶涉稅資訊自動交換的制度，為了與國際接軌，我國也有相應的台版 CRS 辦法，並且特別設立「**境外資金匯回專法**」，明列出海外資金匯回的課稅規定，提供一個優惠的稅率方案，希望過去台商在海外的資金，能夠合法合規回流台灣，這個資金專法條款的落日日期訂在 2021 年 8 月 14 日。

也就是說，在反避稅的國際共識下，台版 CRS 正式施行後，國人的海外資產將無所遁形。隨之而來的，是補繳稅金的問題。

而那些 OBU 帳戶在 2021 年 8 月 14 日以前沒動的客戶，還在觀望的客戶，九成九冒著極大的稅務風險。因為在過去，通常在銀行 OBU 帳戶裡面還是有錢的，大概都是大客

戶，不會太小，那麼許多銀行為了服務客戶，讓他們 OBU 帳戶留下來的錢可以合法通過 CRS，就會協助他們留下許多資料，最恐怖的是，那些資料的錢繳過稅也就罷了，如果是沒繳過稅的，那在資金專法落日之後，所有金流、文件流全都在各國政府的資料庫間透明化，屆時這些大客戶們（尤其是台商），可就要自求多福了。

因為第一點，所有的海外公司、實體營運處所跟最終受益人在資金專法落日後都形同被揭露，光從台灣裡面看，國稅局要比對查核就不難，因為最終受益人就是客戶本人，當國稅局查你有沒有繳過稅的時候，只要跟銀行交叉比對就好，根本不需要跨國查核。

尤其像很多企業主會拿 OBU 帳戶當做信用狀的抵押擔保品，國稅局只要一查核如果你是紙上公司，不是實體運營公司，那就可以回到實質課稅認定。對當事人而言，你在台灣有信用額度，那現在就講，A 的錢是不是 A 在用？還是 A 幫 B 做抵押擔保？現在只談稽徵機關看到什麼，不需要交叉比對，就拿納稅義務人現在手邊的資料就好了，凡走過必留痕跡，根據法規，無論銀行或是會計專業事務所，只要一切合法合規，就必須協助你完整必備的資料，因為那是主管機關要求的，而資料愈多，如果你的稅務有問題有瑕疵，那

被揭露的風險當然也就愈大，因為很多資料，是當事人自己出賣自己。

財稅新布局必知關鍵字

CRS 共同申報及盡職審查準則

Common Reporting Standard,，簡稱 CRS。

全名是Common Reporting Standard for Automatic Exchange of Financial Account Information in Tax Matters 簡稱 CRS。是由經濟合作暨發展組織（OECD）在 2014 年 7 月所發布的一種跨政府協議，主要目的在建立國際間金融帳戶資訊交換的機制，並與帳戶持有人的稅務居住國進行資訊交換的報告機制。台灣於 2019 年實施。

02. 金融透明化，戳破台商不能說的秘密

文 / 王健安

財稅新布局問題面面觀

Q1：CRS（共同申報及盡職審查準則）上路後，跨國企業究竟能不能把錢藏在台灣呢？

Q2：移動資金的稅負成本計算，要如何思考？

Q3：書審制度對於企業財務體質是加分還是扣分？

所謂的金融透明化，是指銀行資訊透明化，也就是銀行的資訊依照現在 **CRS**（共同申報及盡職審查準則）的規範，讓用戶資訊在全世界的銀行都能共通。

在金融透明化之下，台商在海外經營事業的成果，無論是設立於哪一個國家的公司都會被公開揭露。而公開揭露

的原則在於銀行對客戶的個人資料做出判斷，判斷其屬於哪一個稅務居民國並進行交換。CRS 於 2015 年開始並執行至今，許多參與國家的金融資訊在全球都已經收集完整了，差別只在下一步如何進行交換，以及後續的查核問題。

CRS 是金融透明化的一環，除此之外，還有洗錢防治的問題，而全球對洗錢防治是愈來愈嚴謹，也因此催生區塊鏈，讓去中心化的貨幣更加活絡的狀況。

但事實上，如在 2018 年回台定居的 Youtube 創辦人陳士駿，他同時也是第一位在台灣取得就業金卡的外國人，就曾表示，台灣金融租稅法令太過嚴格，創業所需負擔的稅務成本太重，資金需求查明的要求太過嚴格等等。

但是對於資金來源的嚴格查明，現在已是全世界的趨勢，尤其在洗錢防制的要求之下，有更強大的動機以及更嚴重的後果，更加要求金融透明化，無論是銀行端或是任何的私人企業端，都會很容易碰觸到紅線。

但是洗錢究竟跟我們有什麼關係？很多人覺得，我是老實做生意的台商，洗錢與我無關，但其實看台灣的《洗錢防治法》就可知道，所謂的洗錢，就是洗白犯罪所得的髒錢的手段。而「逃漏稅」也算是「犯罪的髒錢」的一種彰顯。

那麼，什麼樣的行為會構成逃漏稅的行為呢？企業設立

境外公司，在境外跨境營運，都很有可能會被誤認為是逃漏稅的行為之一。

例如生產「牛頭牌」沙茶醬的好帝一食品有限公司，被控成立境外公司隱藏營收，逃漏營利事業所得稅高達上億。又更早之前的明紡案，就是典型台商在境外成立營運據點，而境內的公司卻沒有揭露營運的營收、財務或是資產等狀況，而被認定是逃漏稅捐罪，甚至違反《商業會計法》的犯罪行為，這些都是被判決確定的事證。

事實上，上述案例除了稅的問題，更進一步延伸到洗錢的問題，這些都是金融透明化愈來愈被各國政府重視的前提與原因。

▶ 全球資金透明化，台商貿易金流被揭露

既然金融透明化已是國際趨勢，如果企業把境外資金沒有放在台灣，在台灣找不到相關資訊，是不是就有一個可以迴避的地方？

台灣目前與澳洲、日本、英國簽訂租稅資訊交換，以及與銀行資訊交換一個類似 CRS 遵照的協議，至於後續是否會續簽，這是必然之事。以台灣目前的國際地位來看，如果

台灣被視為是化外之地，相信很多國家不樂見這樣的事情發生，尤其大國絕不樂見大家把錢藏在台灣的漏洞發生。因此台灣就算目前受到國際地位的局限，但早晚也會成為一個參與 CRS 的地方，只是目前現階段還沒有而已。

既然如此，那麼現在可以把錢藏在台灣嗎？事實上，這不是恰當的作法，我們不建議這樣做的原因如下。

假設現在看本書的讀者，因為是看的是中文繁體字，而且本書在台灣出版，原則上你有較大的機會是台灣的稅務居民。如果你的稅務居民身份在台灣，又把錢藏回台灣，不就是自投羅網的做法嗎？所以，不是說資金不能移回台灣，而是不能帶有「藏錢」的概念，必須盡可能將資金合規化。

再舉另一例說明。**所謂的資金、稅負成本的計算，要如何思考？**

假設有十億元的資金在海外，經過一定的分析與判斷，某種程度可能有八億元的資金可以不用繳稅，縱使整整十億元資金全部匯回台灣，只有二億元可能要依照境外所得的方式繳納 20％的最低稅負值，原則上就是四千萬元的金額。

從整體來看，十億元資金只繳四千萬元的稅，以整體總稅負來看，其實非常低廉，其實就是一個讓整體資產合法性曝光的一個很好的方式。

事實上，台商長年在外經營企業，其實會有很大一部分是屬於上述的類型，只是大家還是擔心揭露了會有不好的事情發現，但只要做好前置規劃，其實可以妥善處理之。

▶ 被認定是中國大陸的稅務居民，將面對更嚴峻的難題

至於另一個問題，當企業把錢留在境外時，極有可能被認定是中國大陸的稅務居民，那麼在中國大陸的台商們又是如何因應這個問題的呢？

首先，中國是一個被國際承認的國家，在國際間資訊交換的速度絕對比台灣快，當他認定你這個台商除了可能是台灣稅務居民之外，也有可能會構成中國大陸本地的稅務居民時，就會發生中國大陸的國稅局上門追償，針對沒有扣到稅的資金部分，依照中國大陸當地稅法規定進行追徵及補繳。

接著要請教企業一很簡單的問題：**你想要面對的是台灣國稅局，還是中國大陸的國稅局？**

從中國大陸稽徵過程的手段，最顯著的案例，包括藝人范冰冰、台商企業諸如製鞋的寶成企業，其補稅金額都是巨額的天價。再到近期的遠東相關企業，因為被貼上台獨的標

籤，也被進行整肅；更別說中國大陸當地的新興直播帶貨直播主等頂流人物也被要求補稅，還有台灣藝人林瑞陽與張庭夫妻的傳銷事業也面臨調查。

以上從新聞看到的消息，可清楚了解中國大陸的查稅手段與處罰的力度，絕對遠遠高於台灣。所以強烈建議，**如果未來的主要居住地在台灣，把相關資金與報稅回歸到台灣，相對而言絕對是一個比較安全的方式。**

▶ CFC ＋ PEM 上路，企業隱藏資金無處可逃

曾有企業主詢問：如果我們繼續以原來的模式在海外做生意，台灣政府看不到公司海外的資金，我們也尚未決定之後要去哪裡，對未來繼續發生的交易與貿易是否會有問題？答案當然是一樣會有問題。

原因在於，現在透明化與揭露對象的來源是銀行，銀行基於洗錢防治，在企業匯出每一筆款項給廠商時，都會多問幾個問題，也就是說，匯款成功的難度愈來愈高了。當金流隨時在銀行的掌控中，一旦金流資訊某天被台灣國稅局掌握，因為不知是在哪一天會被發現，假設是在五年後、七年後，也許企業現在所做的事情已經逾越跟洗錢了，但是假如

短於這個時間，企業要如何面對與處理現在所產生的金流？

從金流的角度、交易角度來看，企業必須預先做準備，而不是鴕鳥心態或想賭一把，持續讓有誤解的事情發生，然後事後在不得不面對的時候再去做處理。

而相應於這個資產、這個帳戶被揭露的相關法令，包含**台灣的受控外國企業**（Controlled Foreign Company，簡稱CFC），在所得稅法 43 條之 3 的規定，表示企業在境外所經營的公司、子公司，無論是個人或是公司所投資的一個境外公司，只要是有控制力，而該經營地的國家，其實質稅率低於我國實質稅率七折以下的情況，就必須視為這個國家所獲配，獲取的盈餘會強制分配給它的母企業或股東個人，也就是你無法把盈餘保留在海外。

配套的法令已經立法完成，雖然還沒上路，但因為台商資金回台辦法的立法有一個附帶權益，該法令會在 2023 年正式上路，如此台灣國稅局就有充分的動機與法律依據去查核，這樣的事情。

更加直接的還有所謂的**實際營運處所**（Place of Effective Management，簡稱 PEM），很有可能境外公司被認為沒有在境外實際營運，其實甚至不用台灣本地判斷，只要在當地的銀行做**實名認證**（Know your customer，簡

稱 KYC），也就是客戶盡職調查時，只要表達該公司在當地是一個消極營運事業，也就是沒有實際營運的狀況，或是收取的收入來源主要是一些股利、分紅，就會被認為在當地沒有實際營運狀況。

一旦被認定在當地沒有實際營運狀況，就會被追究究竟在哪裡產生實際營運？該公司負責人的母國、負責人的住所地、居所地，稅務居民身份所在地，都可能成為課稅來源。

此種課稅方式，會致使 PEM 手段更加嚴重，稅務機關會把整間企業視為是在台灣營運的企業，直接適用台灣境內法律的規定，也就是說，這些所得會因為這個 PEM 的認定，轉換成為中華民國來源所得，完全不是適用境外所得去課稅。這樣的延伸效果，相信是企業主們不樂意見到的。

所以從全球資金透明化可以強調兩件事情，**一是過去的金流的存量，過去存下來的錢該如何揭露與使用？二是接下來，現在進行中以及未來企業要賺的錢該如何定義，如何才能符合各國稅法規定？**這兩件事是目前務必要未雨綢繆的部分。

CFC 受控外國企業

Controlled Foreign Company，簡稱 CFC。

是指在低稅負地區（如租稅天堂）設立由我國個人或營利事業直接或間接控制之外國企業。跨國企業將利潤移轉（或保留）至 CFC，透過控制 CFC 之決策，刻意不分配盈餘，以達到規避或遞延稅負之目的。

＊ ＊ ＊

PEM 實際管理處所

Place of Effective Management，簡稱 PEM。

指部分實際管理處所在我國境內之企業，透過在低稅負地區（如租稅天堂）設立登記公司，轉換居住者身分，以規避我國營利事業須就其境內外所得合併課稅之規定。

▶ 因應稽徵科技化，必須建立新的稅務負擔能力之圖像

回到台灣本地企業對應的財稅現況來看，台灣以中小企業為主體，迎接 CRS 主要會提到三件事情：第一，上述提

到的稽徵手段，透過全球數據交換、銀行資訊的交換，再透過科技與電腦系統的輔助，金融機構擁有龐大的銀行資料數據情況下，透過人工智慧進行大數據判讀，此種稽徵手法，在以前是難以想像的。

　　過去無法以有限的人力，逐年核對企業或個人的銀行明細資料，判斷「正常」應該有的資產是多少，應該擁有的財富是多少。然而經過電腦讀取過去與銀行的往來資料，可以明確勾勒出個人的用錢習慣以後，一個人該擁有的資產、以及資產的增加是從什麼時候開始有增加的趨勢。若再配合此人在國內的財產資訊，包含台灣擁有的房屋等不動產的登記資訊、股票交易資訊，甚至車輛的購買資訊等種種需要登記的有價資產，都能清楚看到財富的軌跡，國稅局只要透過這些所掌握的資料，就能研判此人的資產不斷地增加。但是，所得是否相對應的增加或申報？或是所得來源究竟為何？就會是國稅局稽徵的重點。

　　其實，自從 2012 年開始，國稅局就開始透過財稅資料中心與大數據，陸續試行查核，近年來在系統更新與資料陸續累積下，其實非常精準，不斷提高判讀的精準度，而且資訊條件不斷地精進與設定，更加的準確。

　　那麼這種新型的稽徵手法，會造成什麼樣的結果呢？

在過去，企業賺取獲利但沒有報稅，經常透過各式各樣不同的方法去處分，讓金流暢行無阻，不會受到任何阻礙。過去常用的手法是：地下匯兌、轉投資或是設立境外公司，重新以外資身份回來投資台灣，種種的方式都能造成資金的流動，並且不用繳稅。

　　不過，在金融透明化施行後，加上稽徵科技與手段，國稅局要衡量每一個個體，究竟有多少錢、應該有多少錢，過去報過稅的所得有多少，似乎變得更容易了。

　　所謂「過去報過稅的所得有多少」，換句話說，就是「應該擁有的資產是多少？」當資產與收入所得完全對不上的時候，代表此人有不明的收入來源，放在公務人員身上，就叫做「財產來源不明罪」。即便一般人或企業主，不需要公開申報財產來源，但是面對稽徵，仍會需要回應「錢究竟從哪裡來？」的問題。

　　因此會產生的問題是：這些多出來的錢，是不是沒有報過稅的錢？如果答案是「是」，那就會有是否逃漏稅甚至要補稅的大問題；如果答案是「不是」，至少要提出說明為什麼不是，例如，這些錢是早年透過繼承取得、或是透過不用繳所得稅的證券交易取得等各種其他合法的理由，甚至直接擺明這些東西是之前逾越核課期間所產生的所得。

也就是說，**在不想被國稅局調查的情況下，要進一步思索，如何建立新的稅務負擔能力的圖像**。在國稅局看來，你的**稅務負擔能力圖像**長什麼樣子？在未來的世界上非常重要。為何這麼說呢？倘若沒有建立一個完善的圖像，實際上是一個很有錢的台商，在境外賺了幾十億、幾百億的錢，但是沒有在台灣繳過一毛錢的稅，只要在台灣持有一千萬價值的資產，都會被國稅局查上門。所以接下來的課題會變成，要**如何降低自己被調查的風險**。

▶ 逃避不能解決問題，降低被調查風險才是未雨綢繆

CRS 所涉及到的第二件事，就是所謂「**被調查風險**」，不是指為什麼不能調查？等到被調查再來說明就好。而是強調，很多事情是有理說不清的，所以事先思考、預防如何能夠不被查到，才是根本。再次強調，重要的是如何降低被查到的風險。例如，在海外賺的錢已經超過核定課稅期間，如果再依法申報回台灣，這筆錢在帳務上就已經完稅，或是已經申報為不用課稅的一筆資金。

從台灣法令來看，2010 年以前的境外所得，扣除中國

大陸的部分，其他的境外來源所得其實是不用繳稅的。連最低稅負制也不需要繳納的情況下，這些 2010 年以前所產生的所得，申報回來是絕對沒有問題的。只要申報回來，有清楚的資金申報記錄，代表你就有這樣的消費能力，這些錢是乾淨、合法的，未來使用上沒有任何疑慮。

其實這與之前的境外資金匯回專法的概念是一樣的。資金回來專法一次性課了所謂的 10％、8％稅率，這些錢就是完稅後的錢。這筆申報過的資金用途依照專法有所限制，也有綁定期間等限制，但至少保住了 90％到 92％的資金。甚至，如果符合專法所謂投資的要求時，還可以提起反訴，要求退稅。

總結來說，**科技的進步造成稽徵的便利性及有效性，過去查不到的細節，覺得不會有人知道的部分，現在都像照妖鏡無所遁形。**一旦財富異常增加的時候，早晚會被發現。像是銀行在支付利息時，發現利息所得巨額增加，國稅局就會反推你的存款應該增加多少，而成為被調查的破口。

另一個被調查的細節就是把錢拿出去消費的時候，會被國稅局要求消費金額的項目，問題是賺了錢卻無法拿來消費，請問那些錢還有意義嗎？

因此在新的稽徵手段、新的稽徵科技日新月異，造成稽

徵成本愈來愈低的情況之下，再加上稅捐調查的精準度、成功比率不斷上升，最好的應對調查方式就是不被調查。

至於要如何降低被調查的風險？最重要的前提是：在國稅局眼中建構你的課稅形象、個人的負擔能力、個人財力究竟長什麼樣子？這些財力既然能公開在國稅局之前，當然是一個合法的、完稅的或是不用扣稅的所得。

以我實際處理的客戶為例，國稅局去衡量他每年的實際消費、購買土地的資金、股市中股票買超賣超等金額申報。國稅局經過計算後，發現他一年花了一億多元，但所得申報卻沒有那麼多，之後，我們發現，他其實早年就有這些錢，只是早年賣了一些不用繳所得稅的股票，因此手上可能持有五、六億元現金，是很合理的。

所以要建構曾經有過所謂的租稅能力，哪些是繳過稅的？例如，在民國 105 年證券交易所得停止課徵所得稅的情況之下，有繳過證交稅代表有過交易紀錄，無論是賺來的還是本體價值，就是有這筆金額存在，代表有這樣的能力可以支付這個錢，只是這樣的做法是事後被調查時的解釋與說明。

假設無法證明有類似上述過去的所得來源，可能很多交易事件都會被質疑，所以最好的防禦就是進攻，也就是在

沒有被查之前，必須做好資料收集與準備，事先準備好的資料，對國稅局而言，可信度遠高於被調查之後才去補充提供的資料，這是和國稅局產生信任度的問題。

這也是我們所提，迎接 CRS 必須要注意到的第三件事：原先書審制度對現今企業造成的影響。

▶ 書審制度影響公司估值

台灣是一個由中小企業為主體所構成的經濟體，中小企業有大也有小。其實大部分台灣的中小企業所採行的報稅制度，大多都是「擴大書審」制度。也就是說，企業不會核實記帳，如實列舉成本費用，而是採用書審的方式，也就是用書審的申報利率，或是採用同業利潤標準等的方式，在不記帳的情況下，仍然可以依照收入簡便的方式去完成這個報稅。

但問題就在，綜合前面提到的金融透明與稽徵手段的演進，我們發現，書審的結論可以假設成三種狀況：

狀況一：書審申報的結論比實際獲得的收益來得多，企業需要多繳稅。

一般而言，這種情況不常見，偶爾會發生，為什麼呢？因為有一些行業，基於行業特性，很有可能無法取得足夠的進項憑證。所以，即使實際賺的比較少，但因為憑證無法完全取得，被迫只能走書審。而走書審的情況之下，要繳比較多的稅，這也是無可奈何的事情。

　　這樣的情況在特殊產業是有可能發生的，會被國稅局質疑，明明看起來賺了不少錢，為什麼好像都沒錢？只是國稅局是不會針對沒有錢的人去嚴查。不過，在這種情況下，企業該思考的是：這個行業還能做多久？一直缺乏憑證，然後一直多繳稅的事業，真的是一個健康的行業嗎？

狀況二：書審的申報與實際的利潤差不多，為什麼要走書審？

　　這是一個非常好的問題。既然記帳也可以達到一樣的結果，書審與記帳狀況差不多，如果被國稅局調查要求提示帳證，帳證無法提出來的情況，還可能被調高成同業利潤標準。那麼企業寧願甘冒這樣的風險，也不去記帳，把憑證保留好，我們是非常的疑惑也不建議。

　　所以第二種狀況是，如果假設真的有機會還原完整的原始憑證，發現真的沒有賺那麼多，與書審真的賺的差不多。

在這個情況下，至少在先前提到的高科技大數據的稽徵手段下，不會現形。

狀況三：書審申報的淨利潤遠低於實際淨利潤，被發現很多資金沒有報過稅。

第三種類型是最大的問題，會發生在書審申報的淨利潤，當課稅的淨利潤遠遠低於實際淨利潤的情況下，也就是實際上很多的錢是沒有報過稅的，是沒有被國稅局評價到的，而他就不會認為企業是有賺到這些錢，因為用書審去申報。

所以企業老闆們，不要小看這筆費用，假設一年只是少申報三百或五百萬元，十年就差三、五千萬元，無論從利息的角度還是從資產的角度來看，都非常容易曝光。

有些企業主說，可以去買一些不用登記的動產，例如鑽石、黃金等作為資產。話雖如此，但是為了配合洗錢防治法規，這些動產的變現性與保值性就產生問題，還可能承擔變現風險，畢竟黃金和鑽石不能吃、房子的用途是居住，即便未必要買公開發行的上市櫃股票投資，也可能對私人公司進行投資。而根據《公司法》規定，公司後面的實質控制人每年都要申報，這類的資訊都會被記錄。因此一旦用實際上沒

有報過稅的錢去做的投資，投資所得的增加遠高於申報的所得，不免就會發生被國稅局稽徵的狀況。

▶ 書審讓你變成窮老闆？

針對上述三種中小企業傳統使用書審申報所得會產生的狀況，是否該全盤省思書審究竟是不是一個好的制度？或是書審其實阻礙非常非常多的事情？或是會讓企業主在使用營利所得時感覺被綁手綁腳？

換個角度來思考長期以來使用營利事業帳簿及會計憑證進行申報的方式，而長期帳證在書審制度下，未必是完整的。當企業長期累積的帳證不完整時，若是日後想要利用資本市場進行募資，或是想要出售股權的時候，一旦進入被全面稽核狀態時，就會面臨：對方認為你的財報不漂亮或是公司實際上沒有這個價值，進而影響投資意願與市場發展，這對企業想要向外擴展時，是非常不利的狀況。

不少老闆都認為，只要對外積極推動營運轉型拓展市場，就能讓公司蒸蒸日上，事實上，如果能從內落實財務管理轉型，會讓公司的價值產生變化。

事實上，**老闆分兩種，一種是富老闆，另一種是窮老**

闆。富老闆與窮老闆之間最大的根本差異在於，是否懂得聰明利用公司本身產生的價值。

我們經常聽聞很多國外大型上市櫃公司的老闆都不拿薪水，因為他有股權，利用股權價值進行操作，無論公司的營運成本也好，個人的生活成本也好，都是通過股權去做。

早期很多白手起家的企業家，會做的事情就是努力賺錢，做好的產品去外銷變現，賺了錢後，再擴廠買設備，再繼續去拓展市場推廣產品賺錢。這過程，就是不斷地拿自己賺到的錢，持續投入，讓事業體不停地擴展長大，直到臨老退休的時候，才發現空有一座價值數億元的工廠，但是自己的口袋裡卻沒有現金，倘若他所投入數十年的產業，因為時代更迭，不幸落入夕陽產業，很有可能出現毛利快速下降，但是工廠卻不能停產的窘況，因為所有他的資產都在這個工廠裡，面臨生存問題，必須做轉型。

還有更多的是企業主臨老想退休，他一輩子都在做這些事情，這種事情能做到幾歲？全部的錢都在工廠上，要怎麼退休？最大的可能性是把公司出售，要出售，最現實的就要有一個好看的財務報表，或是一個沒有稅務風險的公司，否則誰會願意承接這家公司。甚至買家可能只願意購買資產，因為經過各個面向評估後，對於買家而言，承接公司未必是

划算的。同時，而在投資者眼中，稅務考量與風險考量，必然是評估中的重要環節。

還有些情況是，很多產業無法脫離公司去做移轉，但主要價值被綁定在該公司所有的特許執照上。在這種情況之下，其實公司不需要多繳稅，而是要讓財務體質漂亮，就必須把該做的事情做完整。

什麼是「該做的事情做完整」？關鍵點在於公司的財務管理模式以及申報稅法是否採取對公司最有利的方式。

所以很多公司使用書審多年後才發現，原來書審跟記帳繳稅的狀況差不多，差別在於一個是帳簿完整，一個是帳簿不完整。

原來書審甚至可能繳的要更多，只是因為憑證的問題。我們要思考的是，怎麼解決憑證無法取得的問題，它所帶來的風險與換一個願意開憑證的廠商，或許後者可能貴一些，但卻可以省下很多問題。當然這些情況是排除特定廠商在其行業別上，確實無法拿到憑證的問題，只是每個情況我們都要去思考。

新形態的富老闆，所要思考的問題，不再是如何用自己的錢，或是自己賺到的錢去變大變強，或是繼續再投資，而是如何利用公司所產生的價值。也就是我們現今在創業圈、

投資圈最常聽到，如何用公司估值去換到錢。

　　老闆可能會擔心釋出 10％的股份，對於公司整體的決策權會有任何影響嗎？答案是「不會」。假設你釋出 10％的股份，可以換取非常高額的營運資金，就變成你可以利用別人的錢、利用股東的錢來獲取利益或擴廠，也可以分散個人持有的風險，這就是所謂的利用資金、利用資本的好處。

　　從結論上來看，一旦富老闆的思維未來都會採取上述的模式，這樣的情況下，書審制度還有存在的意義嗎？我認為，書審制度其實沒有存在的任何意義，對於企業而言只有取得憑證與申報的便利性，但對公司財報長期卻有負面的影響。

　　所以大家還要繼續走書審嗎？大家還要繼續走書審嗎？大家還要繼續走書審嗎？因為很重要，所以問三次。

　　我們想有遠見的年輕富老闆，或是願意接受這樣概念的富老闆，都不應該接受繼續走書審的制度，應該回歸把成本記好，費用記好，然後有一個漂亮的財報。繳的稅不一定比較多，但是卻能讓公司價值大幅提升，這才是企業永續經營的關鍵。

03. 躲不了的明天，賺多少就要繳多少

文／王健安

財稅新布局問題面面觀

Q1：國際新稅制的改變，與中小企業無關嗎？

Q2：中小企業老闆還可以繼續把錢藏在免稅天堂嗎？

Q3：什麼是全球最低稅負制？

　　因應全球經濟的快速變化，國際財稅發展趨勢也不停改變。其中值得關注的趨勢就是**數位跨境稅務**，也就是經濟合作暨發展組織（Organisation for Economic Co-operation and Development, 簡稱 OECD）於 2019 年提出的兩大支柱方案「雙柱方案」（Two-Pillar Approach）。而雙柱方案中的第一支柱方案（Pillar One）是指「**一致性徵稅方法**」（unified approach）而第二支柱方案就是「**全球最低稅負制度**」（Global Anti-Base Erosion, GloBE）。

台灣中小企業看似對於「雙柱方案」提及的兩大類稅負對無感，因為兩個企業營運規模需達到高營收門檻。究竟有多少企業適用相關稅制呢？一旦全世界的大型企業都必須採取國際通用稅制的情況下，以避免大型企業繳納過低的稅負，甚至某些營收不繳稅。但是這樣的稅制，同樣適用標準適用於中小企業嗎？

各國的稅捐機構是否會對於中小企業課稅，採取仿照大型企業的稅負法規趨勢，或許不是全球性的，也不是由 OECD 主導。基於各國政府希望能夠擴大稅基、增加財政稅收，將國內稅負法令對照國際法規，來處理對中小企業稅捐稽徵未來勢必即成趨勢。施行的理由將會在本篇中，逐一說明。

▶ 全球資金最低稅負制，各地方都加起來不可能沒繳稅

　　首先，台灣財政部也在跟上國際的腳步，逐年以各種方針與專案，持續討論擴大稅基，包括了含地下經濟與各種跨境稅負，探究這類所得來源地認定的差異或是產生扣繳問題等等。積極地用各種適用稅法，致力造成稅捐無遺漏的結果，顯見已經跟上新時代的腳步。

　　如同在本書「**金融透明化起，戳破台商不能說的秘密**」（P44）一文中提到的富老闆和窮老闆對於稅負思維的差異，中小企業老闆們勢必要擺脫過去數十年來，將節稅、避稅做為獲利來源的傳統思維，轉化為把稅負做為必要的成本，更清楚地計算公司的營運狀況。

　　當企業把稅負做為必要成本時，應該要做合法的規劃。而合法規劃的前提，就是必須請深具專業的人士來協助。這個專業人士不能只看國內的稅捐狀況，還必須具有國際視野。不是跨國企業才有國際視野，而是從國際趨勢來看，尤其是從 2015 年開始到現在，其實國際課稅趨勢完全引領著台灣稅制改革的方向，專業人士必須要有更加全面的思維，才有辦法進行未來的租稅規劃。

我們常說：「早年的租稅規劃很單純，只要把公司藏到海外，設立在免稅天堂，就沒有人看得到，一切就完成了。」但是當現今金融系統透明化之後，從金流上來看，已經不太可能有這麼「好」的事情發生了。

　　從課稅的角度來看，各國政府們也不容許這樣的事情繼續發生。在此前提下，所謂的租稅規劃，必須是真刀真槍、實打實的租稅規劃，不只是再用過往常見的隱匿、規避或是投機取巧的簡便方式去做處理，而是必須用要更複雜、更精確以及在法律上合法的方式去進行節稅。

　　當然各種的節稅手法，隨著時間的演進，可能會有不同的判斷。如同本章提到的**數位跨境稅負**，以及最低稅負制這樣的要求，就是針對大型企業，例如臉書（Facebook）、亞馬遜（Amazon）或蘋果（Apple）等大型跨境企業，他們在國際間所設計的複雜結構的對策。這些大型跨境企業做的都是頂級的、全球性的規劃，都有可能「被」政策調整，更別說過去台灣中小企業採行的簡便、甚至可稱之為粗糙的規劃。

▶ 全球最低稅負制，別以為你逃得過

　　接下來說明全球最低稅負制與數位服務稅這兩個最新趨勢，都是現在進行式，甚至還沒有立法執行。但是可以想見，從國際趨勢來判斷，2022 年一定都會完成立法，而且最晚在 2023 年上路實行。因應國際的趨勢，我國財政部勢必也會有相應的準備，這部分容後再談。

　　全球資金的最低稅負制，就是 OECD 針對全球型企業提出稅制改革方案，他的第二支支柱（Pillar two）所提到的最低稅負的要求。也就是說，這些跨國企業在全世界各地布局，假設它有一個企業，其所在地的實質稅負所是低於 15％，那麼低於 15％的差額的部分，假設稅率是 10％，而該企業的母公司的所在國家，就可以對 10％到 15％之間的差額去課徵補充稅。

　　在這樣的情況下，如果適用高額的租稅優惠，甚至是免稅的租稅天堂這樣的環境，就會變成稅率是 0。也就是說，其母國公司有權課徵完整 15％的補充稅，這是額外的部分，這部分就是針對把獲利隱藏在海外公司，歸屬在海外公司適用當地優惠稅率。

　　這樣的安排架構在國際間很常見，很多的公司如蘋果、

臉書等國際大型美國企業並不是把獲利藏在免稅天堂，而是藏在一些特定的給予他們租稅優惠，或是給予很大的租稅協商空間的國家，例如愛爾蘭，不過這類特定的租稅安排，其實在歐盟等國進行長久訴訟，彼此有輸有贏。

一般而言，納稅人贏的比例相對高一些，但也因為如此，國際間才會推出這樣的制度。縱使落地國如愛爾蘭，其規範是合法的，企業與該國的協商是合法的，在當地繳的稅是合法的，也沒有關係，因為 OECD 在推行最低稅負制的規範後，假設企業在落地國的營收只負擔 10％的稅，甚至只有 5％的稅，那麼它與母國課徵 15％的差額，就必須在母國補繳。

要特別說明的是，所謂最低稅負制，適用範圍有營收的限制，全球合併年營收在 7.5 億歐元（相當於新台幣 236 億元）以上的企業才適用。很多人一看到這金額就覺得這與我無關，事實上根據台灣證期局的統計，台灣有 172 家的上市櫃公司可能會受到影響。

實施上述的最低稅負制，還有很多面向需考慮到，包含母國企業所在地，就是企業總部（Headquarter）所在的國家究竟是哪一個課稅主權國？涉及稅法認定的問題，同時也會涉及到所謂的「實際營運住所」，包含台灣的所得稅法

43 條之 4，實際營運住所認定的問題。

因此我們要看的是，雖然在台灣來看是 172 間的上市櫃公司才有機會使用到這樣的制度。但我們必須說，這就是立法的趨勢，此趨勢意味著，針對境外低稅負國家的收入，全世界各國都開始動起來了。

為什麼最低稅負制針對全年營收 7.5 億歐元以上的公司才適用，原因很單純，就是這些公司所做的租稅安排，相對可能是比較站得住腳，甚至可以說，它是相對比較合法的。在大型企業租稅安排是合法的前提下，如果政府仍然想要突破企業的租稅安排，依照母國企業原有規範進行課稅。按照目前相關大型企業（例如蘋果、谷歌、亞馬遜等）在歐洲打租稅訴訟，幾乎都有判決企業勝訴的情況下，企業母國政府勢必就要另闢途徑，以新的立法規定來進行新的課稅方法。所以，此種立法與趨勢，主要是針對在租稅規劃的架構上，政府目前仍然無法突破的案件類型。

但這裡要告訴大家的問題是，現在國際間各國政府對於課稅，連年營收 7.5 億歐元以上的巨頭型公司都能針對性處理，更何況是資源相對薄弱，在國際租稅跨國布局手法粗糙、沒有任何立足點的中小企業，只要國家出手，拿著相關的金流資料去進行查核或補稅，台灣應該有九成以上的中小

企業台商的租稅架構，會經不起國稅局的挑戰。

因此，如果企業在未來三十年還要以過去的方式布局國際租稅，難道要等查稅的刀子架在脖子上才去做準備嗎？不如，預先進行架構上的調整，然後在等待或是期待不被查核的情況下，將過去可能涉及的違章、逾越核課期限等原因而得以免除責任。

我要再三提醒，企業倘若持續以過去的方法營運，就是不斷延續與擴大經營風險。尤其，本書希望富老闆與窮老闆了解資產差異。因為你已經是個有一定規模資產的老闆，和當年曾是兩手空空、白手起家的創業階段相比，一定要有完全不一樣的思維。

對於一個經營有成的企業主來說，守成與控制風險的比重要拉高，建立與當年白手起家時的經營策略是完全不同的思維，尤其，過去沒有思考過的，在未來三十年、五十年都絕對會需要去思考到問題。

▶ 全球數位服務稅，即便巨頭企業也難逃

另一個值得關注的全球財稅新趨勢，就是**全球的數位服務稅**，是 OECD 在 2019 年提出全球數位稅改革的藍圖，就

是第一個支柱（Pillar one）。數位服務稅是針對新興數位產業、電子商務的經營形態所做的收入稅改革。包含了跨境信息、所得來源地認定，或者發生依照傳統做法會發生異議等問題。

舉例來說，假設臉書的伺服器在美國，提供服務的工程師也在美國，產生的服務是透過網際網路獲得全世界的使用者，在全世界各地都有廣告收入來源，廣告收入來源又是完全通過網路進行，甚至在有些國家未必設有落地營運據點。所以這些透過網路營運的所得來源，包含勞務提供、網絡服務提供等，究竟有多少比例在台灣、多少比例在境外，一直以來是稅捐機關在認定時爭議的事情。事實上，臉書等各家大型跨境電商也不斷與台灣國稅局協商，討論台灣境內的貢獻比例、貢獻率的認定，需要釐清一筆收入中有比例是台灣擁有課稅權的部分。

事實上，以臉書的經營型態為例，所要討論的**貢獻比例**，往往著眼於廣告服務，包括廣告投放、廣告收入。從廣告服務提供商角色，會有很大的比例在網站運營、尋找業務、投放廣告這部分。但是在消費國絕對不會超過總營收的50％，肯定是相對較小的貢獻率。

因此課稅問題就會演變為：電商企業有辦法拿到廣告，

不就是因為台灣有一群使用臉書的受眾嗎？企業考慮與計算的只會是在網路廣告業務中，我能夠產生多少效益，但不會去計算台灣的使用者有多少。事實上，因為有這麼多的網路使用者，才會產生廣告效益以及做廣告的可能性。

如果從使用者的角度來看，會發覺其實這是另外一種思維方式：即便他有這個廣告收入，但不會延伸為廣告服務怎麼提供？廣告的組成、誰在做這些事情，而是這間公司商業模式的組成，這些消費者是怎麼產生的？這些使用者是無償使用者，那麼這些人又該如何去評價？

因此在國際間針對跨境企業收入來源討論，到底是不是應該突破企業現有規劃的「營運地」安排，而實際按照所謂的市場來源國，也就是消費者所在國，依照不同的使用者所在國的收入來源，來區分稅收比率？而分的就是稅收的分潤。

所以 2019 年 OECD 提出全球數位服務稅的概念，聚焦具體化在針對大型跨境電商、年營收 200 億歐元以上的巨型公司上。其實，台灣目前不存在這樣的公司，而且是淨利率大於 10％的企業。假設企業的淨利潤是 20％，超過 10％淨利潤的部分，純益中的 25％就會給予這個市場來源國課稅權。

換言之，假設巨型跨境電商是從台灣消費者身上取得的廣告費用、使用者費用等收入，而該公司的淨利率是20％，超過10％中的25％要給依據市場來源國也就是給台灣國稅局課稅權。

如果是營運規模更大，像是前面提到年營收200億歐元的跨國企業，在台灣只有極少數的公司，例如台積電。這類企業不屬於數位服務這類型所規範的對象。但是，從OECD的數位服務稅趨勢，可見世界各國都針對新形態產業型態，尋找新的課稅模式與新的課稅方法。

對企業主而言，商業模式的創新，也許在現行規範上不知如何處理，不知如何課稅，誤以為在計算營運規模時，好像不用把稅負成本加上去，而是僅用以前的規範，估算大概的做法。

但是，因應現行規範的做法會是亙久不變的嗎？答案是不會的。

對於任何一個國家的稅捐稽徵單位而言，都不會容許一個長期不合理的課稅狀態存在。一旦發現有不合理之處，甚至會串連起來形成推動改革的力量。

稅法改革是很重要的國際趨勢，台灣也一直亦步亦趨跟隨著這樣的趨勢。而像這樣針對新興科技，甚至對新興產業

課稅的稅基，藉由回歸到「反璞歸真」的理論，提出規範，就叫做**擴大稅基**：擴大可以課稅的對象，擴大國家的課稅權，精細地劃分出，哪部分的課稅權是可以讓這些國家所擁有。

於是問題就來了：當台灣遵循這樣的趨勢，對中小企業而言，會產生哪些問題呢？

▶ 台灣呼應作法，稅負成本為必要成本

一直以來，台灣財政部與國稅局針對地下經濟，或是各種過往不用開發票，甚至因為很多現金交易不用課稅等經濟類型，已經用各種方式進行圍堵，當然，最重要的還是來自於從金融體系進行的圍堵。因此從近年的稅務新聞，或是處理稅務實務時，會發現：銀行因應洗錢防治的通報所產生的稅捐查核案件正巨量的暴增。

從金流去查稅，與此處提到的情況有何關聯呢？

答案很簡單，當從金融機構金流查出的基準，也就是金流與個人外顯的客觀所得能力，或者是申報出來的稅負能力有顯著落差的時候，就有必要說明清楚這些金流數字的來源。

因為金流產生落差，被國稅局盯上的人，絕大多數都是過去習慣大量現金交易的使用者。也就是過往不被規範、不被課稅的地下經濟使用族群，因為銀行帳戶裡有大額異常金流，不只銀行會需要說明，銀行還會通報給調查局要求帳戶擁有者說明，就算調查局調查後排除洗錢等疑慮，也會移送給國稅局調查課稅。

這一連串層層通報調查流程，總結了前面提及的趨勢，也就是對於過去沒有課稅的行業種類，以擴大稅基的方式進行課稅。

台灣將在 2023 年開始施行營利事業受控外國企業（CFC）制度面對 CFC，企業是否已經進行事先預備工作了呢？

事先預備工作是什麼？**一旦施行 CFC 後，當年度的稅收絕對會巨幅激增。從什麼角度來看？直接只要去問一個數字餘額就好了，那就是國內銀行的 OBU 帳戶餘額究竟多少？代表我們的財政部有多大的空間去透過 CFC，達成稅收增加的效果。**

前面提到過，CRS 因為台灣的特殊地位，國際行徑比全球慢一步，可能會影響到台灣的稅收，台灣的課稅權可能會慢一步由別國行使，可能來不及、搶不過別人。這是無可

奈何的事情。

台灣目前只與日本、澳洲及英國正式簽訂個資交換的協定，可能很多人覺得這是好事，但要提醒的是，台灣境內的 OBU 帳戶，其實是開設在台灣境內的銀行，銀行對這些 OBU 帳戶一到 CRS 也是有申報義務。也就是說，其實這些 OBU 帳戶的資訊，早已合法交到台灣的財政部、國稅局手上了，完全不需要做任何的資訊交換，國稅局就有完整的資訊；接下來只要針對這些資訊所做的 KYC，了解背後的實際負責人，一旦確認具有台灣稅務居民身份，再進行查核，相信成果將非常「豐碩」。

新冠疫情瀰漫全球，跨國移動趨緩，很多台商因此回流台灣，或是在台灣居住時間變長，變成台灣稅務居民身份，就更大幅增加被查核的風險，這是各位企業經營者需要認清的事情，也是本篇文章想傳達的核心概念。

未來，絕對沒有把錢藏起來就可以躲掉的情形，你的每一分錢，可能從賺進來的那一刻到花出去的那一刻，無論經歷了如何移動、如何使用，如何存在銀行、支付任何一筆款項或支付給其他人……資金流動的過程全程都會在金融單位的監管底下。

唯一除外就是全程使用現金進行交易，但是一旦現金拿

去購買任何會被公開揭露的動產、不動產、車輛等資產，一旦有交易紀錄可循，就無法迴避被監管。除非在現金交易環節中的每一個人都是現金交易，才有可能回避掉。

假設你的現金交易對象在取得現金後，去買鑽石買黃金，是通過正常合法的通路（如銀樓）購買，這些販售通路有洗錢防治通報義務，儘管是以現金購買，但是如果大額買賣或是誇張不合理的購買數量，都會被店家通報。

總之，**未來的錢是藏不起來的，而藏不起來的錢，就必須課稅**。唯一可選擇的作法，就是事先做好規劃與準備，選擇哪些資金該以什麼樣的種類或是形態去課稅，而不是在沒有準備的情況之下，被查到金流異常，由國稅局從稽徵角度來定義這些錢的取得來源以及應該課稅的方式。有準備和沒準備，會讓課稅的區別非常大。

未來在企業經營的過程中，稅負絕對會變成必要的成本，稅負的計算不再只計算可以節掉多少稅。老闆們該思考的是：就算所有的營利所得都必須按照最一般方式繳稅，企業仍有辦法經營，才是一個能夠永續經營的企業。而不是靠著規避稅負，讓規避的差額成為利潤的重要來源和資本重要組成部分，那絕對不是一個新時代的富老闆能長治久安的方法。

所以，當你選擇產業類型、決定商業模式、決定利潤架構的時候，都要考慮把稅務成本粗略簡單的加入計算，試算營運數字會發生什麼結果，確認這樣的營運模式可以成立，以及還有獲利空間，再進一步思考是否有其他方式可以調整或減少稅負，或是用更適當的方式呈現稅負所對應的結果，盡可能使用相關優惠方案降低稅負的負擔，進而提高稅後淨利率。

　　上述的規劃方式或是節稅方法，都必須建立在完整的規劃架構及合法的前提之下，才不會招致更多不必要的風險。

　　在許多實務案例中，發生或許多以前從來沒繳過稅的族群，尤其是所謂的地下經濟者，常因為交易對象被查核，國稅局倒回來查到上游與他交易有金流往來的關係人，進而發現一連串異常的產生。

　　因此，除非你從來不與人發生金錢交易，賺來的錢都放在床底下，只是這樣賺錢就沒有意義了。或是，與你發生金錢交易的人都一樣，要不拿現金交易，要不都把錢放在床底，這樣交易才能夠避開金融機構的監管。

　　任何會受到公開監管的資產，包括股票、各種金融資產、不動產與需要登記的動產，還有若購買不需要登記的動產、鑽石、黃金、名錶、畫作等等，也必須確認購買的管道

是否有洗錢申報，當你有巨額異常交易時，會不會有被通報的可能性？

　　其實金錢交易一關一關檢視下來，要能夠不被記錄、不被通報幾乎不可能發生，否則你不需要去賺錢，因為賺錢沒有任何意義。總之，賺錢對很多老闆而言，不是一件大事，賺來的錢要怎麼花，才是現在更需要去思考的事。**唯有賺來的錢是能花的錢，才是真正的富人，是真正的富老闆應該思考的問題。**

04. 賺了錢再擴廠，一輩子就賺到那個廠！

文／蘇錦霞

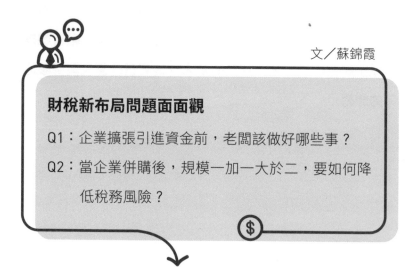

財稅新布局問題面面觀

Q1：企業擴張引進資金前，老闆該做好哪些事？

Q2：當企業併購後，規模一加一大於二，要如何降低稅務風險？

　　在台灣，創業能夠撐過兩年真的不容易，而企業要能存活，比「本事」與「本益比」更重要是，就是「本錢」。當過老闆的人心裡最清楚，現在的創業，如果都是要用自有資金，那根本不用出來創業，因為要準備的時間實在太久了。所謂創業靠技術、發展靠業務，開公司想要真正達到錢滾錢的效益，則是非要靠財務不可，這都是階段性的。

下面是經典暢銷書《富爸爸窮爸爸》其中一段，描述傳神：

窮爸爸是一位高收入的公務員，他討厭債務，但擁有一間店面又是他一直以來的夢想。

於是他辛勤工作，每年存下 50 萬元，10 年之後他終於用 500 萬元開始了一間店面經營。

富爸爸沒有固定的工作，他喜歡債務，也喜歡能投資回本的生意。

他決定拿自己家裡的房子和車子做抵押，借了 500 萬元，一個月後立刻就開了一間店面（不過老婆為此很生氣）。

兩人最後都達成目標，但窮爸爸卻多花了 10 年。

靠單打獨鬥的力量努力，不但效果有限，速度也十分緩慢。聰明的富爸爸總是會巧妙運用槓桿來為自己創造成功的第一桶金。

而對許多度過創業第一階段，即將邁入第二階段上升期的企業，或是一些成熟需要轉型的企業，「併購」的運用更是現代企業的入門課。厲害的老闆非常懂得如何正確運用財

務、稅務策略進行併購布局，花錢買到對的資源，更重要的是買到時間。

相反地若是運用方法錯誤，那麼不但容易造成日後合併雙方股東們的糾紛，更糟的是，傳統的技術作價稍有不慎還有可能為公司帶來日後的稅務風險。

▶從實務案例錢老闆的擴廠計畫談起

錢老闆是一家科技公司的經營者，他為了讓公司發展茁壯避免遭到高度競爭的市場淘汰，於是雄心勃勃布局，規劃能夠擁有上游端的技術，讓公司能永續經營。因此，錢老闆有了擴廠的計畫，但是，他同時又擔心公司資產投入，恐怕資金不足，而且也沒有辦法確定擴廠後的技術能不能夠到位，於是便開始思考為公司注入可信賴的技術團隊。

就在這個時候錢老闆透過好友介紹認識貝老闆，貝老闆經營的也是同樣領域的科技公司，於是他們開始溝通聯繫，在洽商的過程中，錢老闆認為貝老闆的公司似乎足以擔任公司的技術團隊，也發現貝老闆的公司資金可能有些吃緊，於是，提議協助貝老闆處理公司債務及收購其他股東的股權，讓貝老闆公司的技術團隊加入錢老闆的公司。

也就是，錢老闆看到貝老闆公司技術不錯，合併對錢老闆的公司有利，但是貝老闆的公司資金有問題，有點帳目不清，所以，錢老闆提出以一千萬合併貝老闆公司的相關技術與人才，但重點是貝老闆處理公司股權沒那麼簡單！

舉例來說，假設這家貝老闆的公司資本額 500 萬，貝老闆自己出資 200 萬，公司有 B、C、D 三位股東，他們各出資 100 萬登記資本額股本，這裡就會出現一個嚴肅的問題，就是錢老闆花了一千萬，但是貝老闆的公司登記資本額只有 500 萬，那到底公司的資金不足有沒有反映到實際帳目上面？如果沒有，大家知道想讓股東們下車，B、C、D 三位股東可以拿走多少錢嗎？

照正常流程，貝老闆借錢處理公司債務，處理完之後應該清算後讓 B、C、D 三位股東退股。到此為止，我們來看看下面兩種作法的不同。

▶傳統作法，增加後續稅務風險

錢老闆跟貝老闆協議，兩公司合併換股所得股份，歸貝老闆及技術團隊享有，充作技術股，使該技術團隊能為錢老闆公司效力。條件議定後錢老闆就將資金新台幣一千萬匯

入貝老闆的帳戶，讓貝老闆清償公司向股東借貸的部分、處理公司業務資金的缺口及去收購其他股東的股份。之後，貝老闆將收購來的股份與錢老闆的公司做股權交換，兩公司合併，貝老闆也帶領技術團隊加入貝老闆公司。

然而，稅務單位就錢老闆的公司匯款給貝老闆的一千萬元的部分，並無清楚的往來憑證，要求錢老闆公司進行說明，究竟該如何解釋？

採用說法一：

錢老闆指稱該金額是借款，主張伊於董監事聯席會議通過由公司借款新台幣一千萬元給貝老闆，在會議記錄上記載：

1. 為網羅科技人才，決議由董事長（即錢老闆）代表公司同貝老闆的公司代表貝老闆談論公司合併事宜。

2. 授權董事長調用公司的資金新台幣一千萬元整借給貝老闆，做為他處理其公司其他股東股權之用途。

如果是這種說法，那貝老闆並不會同意錢老闆的主張，因為如果是借款，貝老闆就要清償這一千萬元的借款，若是貝老闆否認了借款，就當事人主張有金錢借貸關係存在，必須就其發生所需具備的特別要件即金錢之交付及借貸意思表

示互相一致負舉證責任。

若僅證明有金錢之交付，無法證明借貸意思表示互相一致時，就不能認為有金錢借貸關係存在。如果貝老闆無法舉證雙方有借貸的意思，就此主張恐不成立。

採用說法二：

貝老闆自稱是錢老闆要求貝老闆及公司的技術團隊加入錢老闆公司，並提供新台幣一千萬元作為併購公司的資金。因為，錢是匯入貝老闆的私人帳戶，若是如貝老闆所稱，匯款是用以收購公司其他股東之股份、退還部分股東增資款、清償公司向股東之借貸及處理公司業務等情況，又與併購公司的程序不符，該如何解釋以貝老闆的私人帳戶金額處理公司債務，於公司治理及稅法皆無法說明清楚。

而且如果錢老闆與貝老闆公司在進行合併時，依據公司股份登記，即有取得股份的登記，並可從雙方換股的金額中，有換股的比例，這些並未將前開一千萬元的部分計入，如此一來，所做的股權交換申報的金額，與貝老闆收購其他股東股權的申報金額又不符合，若要追罰金額，會非常的可觀！

不僅僅是稅務單位查稅而已，兩公司合併後，因為主張不同所產生的爭議，對於一開始想要讓公司永續經營的理

念，到後來變成股東反目，公司將永無安寧之日！

▶ 富老闆的思維：思考有效的併購模式

資金及技術的轉型，不能再用傳統的方式處理，當企業主希望轉型能產生一加一大於二的效果時，通常會以企業之間的合併收購（併購）的方式。不過，就併購的兩家公司而言，這都是重大的決策，因此在進行併購前，交易雙方對於進行併購之目的、預期產生之效益，以及可能衍生的問題與風險，必須考慮周詳。

併購的模式有股權併購及資產併購等模式，而一般股權併購有：受讓股權、增資併購與合併併購等方式，說明如下：

一、受讓股權：收購的一方通過向被收購方原股東收購股權的方式獲得對被收購方的控制，即成為控股股東。

二、增資併購：收購的一方通過向被收購方投資，增加被收購方註冊資本，成為被收購方的股東，並實現對目標公司的控制或共同控制。但是，在此之前。雙方需要對併購後的各方持股比例進行談判，然後根據持股比例計算被收購方的增資額，超過增資額的溢價記作公司的資本公積。

三、合併併購：收購方通過與被收購方合併獲得對被收購方的控制權。

資產併購方式：是指收購公司為了取得被收購公司的經營控制權而收購被收購公司主要資產、重大資產、全部資產或實質性的全部資產的投資行為，也可能包括無形的資產如商標、專利、商譽等。

若能以資產併購的方式處理，會不受企業類型的限制，只要有效地整合資產或技術，可不要求被收購公司對經營狀況做全面披露，一般也比較不會遭受被收購公司負債的損失，且不需要對相關資產進行剝離、整合方便。

然而無論是收購公司或被收購公司，在找尋目標時，並須考量併購目的、行業、地域等因素，因此，必須進行盡職調查，項目包括固定資產、知識產權、土地使用權、存貨等、員工團隊、業務和客戶等。

▶ 帳目健全透明化，有利於併購交易

台灣中小企業在上開的調查項目中，會出現公司與負責人或股東的資產分別不清，有些公司固定資產可能都登記在

負責人或股東個人名下，向銀行的貸款卻是由公司支付，對於股東間的借貸也沒有非常明確的帳目。而且帳冊的部分，分為內帳及外帳，內帳是由公司內部會計人員，依據公司實際財務狀況入帳，就算沒有憑證或收據，每一筆都會詳細記錄下來，就像流水帳一樣。

老闆可以根據資金流動來了解公司目前的財務狀況，核對每個月的收入和支出並隨時調整營運成本。外帳則是為了合乎稅法規定的憑證來記錄於冊，需要依據商業會計法和稅法相關規定來編製，主要包含營所稅和營業稅申報，應收付、預收付款項以及期末的調整分錄等。所以，若想要擴廠或是跟其他人合作，在盡職調查中，要完成資產及業務了解，有非常大的難度。

全球企業颳起併購風，藉由「併購交易」尋求成長、強化競爭力！併購更是進入新市場與獲取新技術的最快捷徑，可帶動企業成長與轉型，在科技變遷持續加速之際，因此，健全公司制度是擴大事業版圖的重要工作，人事制度的建立，讓公司人才得以留用，是公司重要的資產，除了要符合勞動基本法的要求外，晉升、獎勵、分紅等制度亦要完善。財會制度更需要專業的整合，才能在轉變的時代中，占有一席之地！

ch2 實戰篇

全球財稅新局,台灣要奪勢,還是被淘汰?

05. 流浪台商，何時能結束遊牧？

文／蘇錦霞

財稅新布局問題面面觀

Q1：透過地下匯兌搬錢回台灣沒有風險嗎？

Q2：透過合法方式讓海外資金回台一定會被課重稅
嗎？

在稅負考量下，過去不少台商全球爭戰，逐節稅而居；但隨著時間過去，經年努力的成果轉化為豐碩的海外資產之後，想要鮭魚返鄉，卻往往因為稅務問題又猶豫不決。日前國內的「境外資金匯回管理運用及課稅條例」（簡稱「境外資金匯回專法」）上路後，為返鄉台商提供一個明確的管道。

其實，海外資金回台，不一定會被課重稅，關鍵在於你是否有事先布局合法有利的資產配置，並且有相關證明文件可以佐證？此外，更進一步，就是聰明的老闆們通常都是提前做好稅務規劃，先了解金融主管機關對於個人匯回海外資金的函令，這個部分，許多人都會委請專業的顧問協助，對於核課期等關鍵問題、匯回資金的屬性，進行安排，大幅提高資金匯回的合規與彈性。

實務案例：從西進到錢進，資金回台如何自由又安全？

台商魏老闆到中國大陸經商時，所需資金是透過銀樓將新台幣兌換成人民幣陸陸續續把資金移出，經過多年的努力，資金往返中國大陸與台灣，這可花了魏老闆不少地下匯兌往來的金額。

後來他在當地認識一位台灣籍的朱老闆，自稱經營一家精密機械公司，公司的資金都是透過私人的管道處理，如果有需要，他很樂意協助魏老闆代為處理兩岸資金匯兌事務。這麼一來，魏老闆不但沒有大陸外匯款項金額的限制，也可以減少匯款的次數與手續費用。

因為魏老闆經常聽聞有不肖業者會利用匯兌的詐騙新聞，所以非常小心，也藉著到朱老闆公司洽商的機會，一探

虛實。結果令他非常放心，因為朱老闆把公司經營得非常有規模，大約有二、三十位員工，辦公的情形也非常正常，不像是空殼公司。於是，他就放心地請朱老闆協助處理匯兌的事宜，匯兌的方式，是將金額匯入朱老闆指定的帳戶內，並由朱老闆簽立一張商業本票，做為擔保之用，朱老闆再將台幣扣除手續費，匯入魏老闆指定的帳戶內，等到收到款項後，本票再還給朱老闆。一開始，經過幾次金額較小的匯兌，資金都非常迅速順利的到位。

其後，魏老闆開始想在台灣置產，這個部分就需要比較大的金額。由於他有了前幾次透過朱老闆順利匯兌的經驗，心想，這次也應該沒有太大的問題。於是，就將金額分為兩次匯入朱老闆指定的帳戶。

沒想到這一次的結果大出魏老闆意料之外，因為朱老闆不但沒有依約付款，人也消失無蹤，等到魏老闆再到他公司找人，公司竟推說朱老闆只是公司經理的朋友，當時是說有朋友要參觀公司，所以才會招待魏老闆，魏老闆這時才恍然大悟，原來從頭到尾都是朱老闆精心設計好的騙局！

傳統老闆的做法隱藏的六個風險：

風險一：人民幣資產流通不易

由於兩岸貨幣清算機制尚未建立，兩岸貨幣無法直接流通，而且中國大陸基本上是禁止人民幣以外的外幣在境內的市場流通，對於在境內的外匯交易和國際間結算都有實施管制措施。

但在 2000 年後期中國大陸開始放寬，不再實施強制結售匯制度，容許境內機構或個人的外匯收入可以自行調回境內或者存放境外，只是相關的條件、期限等仍由國務院外匯管理部門規定，並且也會監管國內的外匯匯率和外匯市場，依據外匯市場的變化和貨幣政策的要求，對外匯市場進行調節。

風險二：中國外匯管制觸法受重罰

中國大陸地區對於外匯的管制，依據《中華人民共和國外匯管理條例》第 39 條規定：「有違反規定將境內外匯轉移境外，或者以欺騙手段將境內資本轉移境外等逃匯行為，由外匯管理機關責令限期調回外匯，處逃匯金額 30％以下的罰款；情節嚴重的，處逃匯金額 30％以上等值以下的罰款；構成犯罪的，依法追究刑事責任。」及第 45 條：「私自買賣外匯、變相買賣外匯、倒買倒賣外匯或者非法介紹買

賣外匯數額較大的，由外匯管理機關給予警告，沒收違法所得，處違法金額 30% 以下的罰款；情節嚴重的，處違法金額 30% 以上等值以下的罰款；構成犯罪的，依法追究刑事責任。」

風險三：罰金之餘，相關人員須負刑事責任

而《中華人民共和國刑法》對於非法跨境地下通匯行為並沒有明文規範，但是依據 1998 年通過的《全國人民代表大會常務委員會關於懲治騙購外匯逃匯和非法買賣外匯犯罪的決定》第 3 條「公司、企業或者其他單位，違反國家規定，擅自將外匯存放境外，或者將境內的外匯非法轉移到境外，數額較大的，對單位判處逃匯數額百分之五以上百分之三十以下罰金，並對其直接負責的主管人員和其他直接責任人員處五年以下有期徒刑或者拘役；數額巨大或者有其他嚴重情節的，對單位判處逃匯數額百分之五以上百分之三十以下罰金，並對其直接負責的主管人員和其他直接責任人員處五年以上有期徒刑。」

而且，第 4 條也規定：「在國家規定的交易場所以外非法買賣外匯，擾亂市場秩序，情節嚴重的，依照刑法第 225 條的規定定罪處罰，是將非法本外幣資金跨境匯兌行為視為

非法外匯買賣，並以非法經營罪論處，涉及刑事責任。」

風險四：台灣對地下匯兌者刑責重、罰金高

而台灣依據銀行法第 29 條第 1 項規定：「除法律另有規定者外，非銀行不得經營收受存款、受託經理信託資金、公眾財產或辦理國內外匯兌業務。」若是經營的地下匯兌者，就觸犯銀行法第 29 條第 1 項的罪，要依銀行法第 125 條第 1 項規定處罰，分別以犯罪所得來區分，若犯罪所得未達新台幣一億元者，法定本刑為三年以上十年以下有期徒刑，得併科新台幣一千萬元以上二億元以下罰金；若犯罪所得逾新台幣一億元以上者，要處七年以上有期徒刑，犯罪情節重大者，可以量刑至十五年。此罪並得併科新台幣二千五百萬元以上五億元以下罰金。刑責重、罰金高，若是觸犯了就恐難翻身了！

風險五：經營者難逃資產全都露

這是經營者會有如此高的風險，對於匯兌人雖沒有銀行法的風險，但是，中國大陸境內設立之經營金融業務的機構，包括政策性銀行、商業銀行、信用合作社、郵政儲匯機構、財務公司、信託投資公司、金融租賃公司和外資金融機

構等都已加入反洗錢行列，依法協助、配合司法機關和行政執法機關打擊洗錢活動，依照中國大陸法律、行政法規等有關規定協助司法機關、海關、稅務等部門查詢、凍結、扣劃客戶存款。（註：「扣劃」是指金融機構將單位或個人存款帳戶內的全部或部分存款資金劃撥到指定帳戶上的行為。）

而台灣涉及匯兌與查辦地下匯兌的相關機關，除司法單位外，主要有中央銀行、金管會、財政部、經濟部、法務部調查局，另外行政院還設有洗錢防制辦公室扮演名義上的統籌督導角色。近年來，地下匯兌的查緝成果，更有高達新台幣 321 億元涉案金額。

風險六：損失求償無門

除了涉及刑事責任外，牽涉到財產來源，稅務單位亦會進行追查，在中國大陸從事商業行為，應依法行事，避免觸法，倘遭控訴「洗錢行為」，最嚴重可處五年以上十年以下有期徒刑。在此也提醒國人，地下匯兌風險大，切勿為省手續費及匯差損失，遭騙求償無門，因小失大！

▶ 富老闆的合規化處理方式

　　既然台商傳統透過地下匯兌將人民幣資產搬回台灣要承擔上述多重風險，對老闆而言，想要保全資產享受財富，究竟該怎麼做呢？

聰明作法一：合法有利的資產配置

　　在海外發展的台商為減輕企業所受衝擊，開始調整全球投資營運布局，回台投資成為重要選項之一。考量政府推動方案，在台灣為吸引台商返台投資，行政院便積極推動「歡迎台商回台投資行動方案」，整合各部會資源，提供土地、水電、人力、稅務及資金等措施，可以評比方案內容採取最佳的方式錢進台灣。

聰明作法二：做好稅務規劃

　　若是以個人方式將錢匯回台灣，即要規劃「海外資金」及「海外所得」，在台灣居住者，個人匯回海外資金不用課徵所得稅的三種態樣，包括：

　　（1）非屬海外所得的資金

　　（2）屬海外所得，但已課徵所得基本稅額的資金

（3）屬海外所得，未課徵所得基本稅額但已逾核課期間的資金。詳細將應提示的文件備妥，避免將「海外資金」被認定成「海外所得」而依據所得基本稅額條例課稅。

凡不具所得性質者，例如海外投資本金或減資退還款項、海外借貸或償還債務款項、海外金融機構存款本金及海外財產交易本金等，都不會涉及所得稅問題。許多台商一開始對於匯出之資金並非皆有保存憑證的習慣，就此財政部有解釋說明，即使海外匯回資金含有海外所得性質，只要符合下列三種情況，也不用課稅，包括：

（1）個人於取得海外所得年度，不具我國居住者身分

（2）個人於取得海外所得年度具我國居住者身分，但已申報課稅

（3）個人於取得海外所得年度具我國居住者身分且未申報課稅，但依提示資料辨別所得年度已逾核課期間。

為了鼓勵個人及營利事業匯回累積在境外之資金或轉投資收益，「境外資金匯回管理運用及課稅條例」於 2019 年 8 月 15 日上路，透過租稅減免之誘因吸引資金挹注境內實質投資及促進整體經濟發展，然而資金專法已於 2021 年 8 月 16 日落日，根據財政部及經濟部統計資料顯示總計 3,253 億元境外資金申請並獲准匯回，實際匯回 2,704 億元，其中

959 億元已實質投入境內產業。而未趕上這一波的老闆們，更需要專業的布署，免得讓辛苦努力的資產回不來！

06. 保守的軍公教長輩教不出
會跟銀行借錢的小孩

文 / 成昀達

財稅新布局問題面面觀

Q1：進行經營決策或財務運用時，服從前人智慧就
夠了嗎？

Q2：能不多貸款就不多貸款的觀念才是穩健理財方
式嗎？

這一章節很特別的來談談「軍公教」這個族群。

「軍公教」一個傳統且給人印象深刻的「族群」，不同
於以往我們曾經學習過的「漢滿蒙回藏苗傜」，也不同於現
在身邊日常生活所理解的台灣人、閩南人、客家人、外省人
或是原住民等，「軍公教」是一個以工作屬性或是職務類型

進行區分及界定的概念，因此我們對於「軍公教」一詞，曾有著不同的認知及理解，也有著不同的嚮往跟追求。

「軍」：台灣是個具有歷史淵源及社會文化脈絡薈萃的地方，憲法第 20 條亦訂有「人民有依法律服兵役之義務」，不管在過去的歷史經驗，亦或未來的軍旅體驗，對於現在的我們來說，都是一種對先人及前輩的一個沉思及體悟。而自國共內戰開始，亦即東北各省及各地戰場間之移轉及變化，途中輾轉經過上海、南京、江浙、兩湖及川滇等地，國民政府播遷來台的影響，不僅止於各地文化上的交流及融合，也帶來各地區美食體驗及生活習慣的磨合。不管是煎、煮、炒、炸還是吃、穿、喝、用，都有著互別苗頭，卻也相互尊重的精神。而唯獨在經濟及財務的習慣上，有著共同的經驗及體會，那便是同屬軍職及部隊在薪給及俸餉上的模式。

「公」：台灣是個具有獨特憲政體制的地方，採五權分立，相較於歐美行政、立法、司法三權外，融會特有之考試權及監察權而成。在既有的三權分立制度下，考試權隸屬行政權，難以確實獨立公正任用優秀人才，且易受政黨派系因素影響而衍生分贓政治之流弊，憲法第 18 條訂有著「人民有應考試服公職之權」，而此一舉措，也可追溯自科舉制度之形成及其影響。而自古以來，「士農工商」所表彰之

順序，也反應出了社會觀感及崇敬之位階，所以社會對於能從事公職，或是能擔任公僕，往往是被稱羨及追求的。進一步思考服公職或為官一途，就有關經濟及財務的習慣上，似乎也有著兩袖清風的清廉正直，以及不容質疑的操守品性。

「**教**」：台灣是個識字率及教育普及率領先全球的地方，憲法第 21 條訂有著「人民有受國民教育之權利與義務」，自民國 57 年起國民義務教育延長至九年開始，在開始有了認知能力及記憶能力的時間，首先接觸到的，便是國小及國中老師。而老師們在給予頭一次接觸到非原生家庭的我們，第一個印象便是清晨早起到校，帶著滿心的歡愉展開單純且活潑的日常，從課程開始前兩小無猜的相互鬥嘴及爭吵，到課程中錙銖必較的相互競爭及比拚，以至於課程後叮嚀提醒的深思及成長，學校帶給我們的，不單單只是前述的體驗及回憶，更深刻的來說，是留給我們一個非常強烈的印象。「學校老師與教職」對於日後我們的成長來說，已經成為了一個美好回憶的體驗及心之所嚮的選擇。

而綜觀以上「軍」、「公」、「教」三個族群的養成，無一不是克盡本分，穩紮穩打地扮演好國家機器運作的各

項職能，並落實正常運作至關重要的角色。在此一同時，無論是從質性的文獻調查，亦或是量化的統計數據，都可以看到此三個族群，在以廣義或是狹義的定義之下，約略占有全台灣勞動人口比例的 5% 至 7%，又或者是家戶數比例的 7% 至 9% 左右。而此家戶數中典型的中心思想，亦或核心哲學思維的啟迪，可以說是絕大部分源於儒家思想。而此一觀念，更牽引著、或稱領導著對於生活習慣甚或各面向的觀念養成。特別是子女教育與學習的理念或是對理財的觀念。

綜合來說，此三族群所擁有的觀念或是習慣，大致以下列面向來進行說明，可以窺知一二。

特質一：恪遵師訓、心如止水

常言道，師者，所以傳道、授業，解惑也。但何以為師？又或者欲傳何道？欲授何業？由何立場出發解惑？在過往，我們常聽到班上同學成績最為優秀，排名最理想的，通常是被師長特別拔擢或是認可的，無論是在引以為指標作為同儕的榜樣，又或者是在人生各個道路的選擇上，總是能獲得比其他同儕更多且更有利的資源。

但是，會讀書不一定代表著更能夠認識自己，多數的情況下，在掌握到讀書及考試的要領之後，能累積及堆疊最多

成就感，又或是最快速贏得認同的方式，便是中華文化中，自古以來的科舉制度，也就是文人的考試制度。但為師者，在掌握了相關的技巧，並享受了相關的利益時，自然而然，就形成了一個先入為主的觀念——萬般皆下品，唯有讀書高。

此舉，表面上看起來，是一個通俗且主流的意見，但事實上，卻隱含著的是：會讀書的人，在享受著既得利益所帶來的好處，使其成為師長之後，對於人生選擇的路徑上，推薦著我已經因此而獲得好處，而你也看得到。所以在具有可實現性的具體成就來說，最佳的選擇，又或者說最保守的選擇，就是跟師長一樣，還是讀書。

所以在求學期間，師長們多數曾經交待過，盡可能不要太過於花稍地參加非學術性質以外的活動或是社團，又或者是一切的決策，都要先以讀書為優先。在力排眾議，或專心致志的情況下，逐漸養成文人雅士的亮節風骨及高尚情操，至心如止水的地步。

特質二：努力付出、堅持不懈

「軍」、「公」、「教」三者在職業體制的設計上，有著根本制度運行的規範及軌跡存在。例如在軍職中的位階或

是停年制度，無論你（妳）如何傑出及優秀，在職位成長的過程中，鮮少有機會破格晉任或是特例拔擢。長輩們無一不是在體制運行的過程中，持續地給予鼓勵，也同步地賦予鞭策的提醒，「再努力一下，接下來就輪到你了」。

此舉，表面上看起來是長官們的認識及理解，逐漸記得有一位後生晚輩已經開始準備展翅，大顯身手。但功高震主的情況，時有所聞，也不在少數。然而「輪」這個字眼隱含著，體制內一直用這樣子的一個稀缺職位與成長機會，來吸引及創造同儕間彼此的競爭與合作，希冀能達成一個恐怖平衡，創造對組織的最大利益。而在初始的職業選擇上，倘一旦選擇了「軍」、「公」、「教」的領域，則會產生一個愈滾愈大的重要砝碼，來去平衡或是加入未來所有職場上決策時天秤的考量，那就是「年資」。

我們可以從這三個職能領域在人力資源的角度切入，從不同年資轉換離開跑道的人數進行調查，在排除不適任因素，或為政策性的強制汰除因素之外，似乎工作經驗愈長，「年資」愈久，愈是會告訴自己，再努力一下；或是會再催眠自己，沒什麼大不了的，相較於在「軍」、「公」、「教」累積了足夠的年資及歷練之後，一定都會海闊天空的！

也因此，「軍」、「公」、「教」在職場上的戰戰兢兢、

深思熟慮、謹言慎行及忍氣吞聲，反映在對於工作崗位的執著與眷戀，不若民間企業工作者或是外商企業專業經理人的膽識與瀟灑，進而在個性上轉向愈趨明顯的態樣。

特質三：循規蹈矩，彈性不足

長官的話，你是聽不懂嗎？老師講的，有沒有在聽？體制的設計與現實面的職權甚或軍權，讓威壓或權力在制衡或是作為溝通媒介的時候，反而無法充分扮演其應有的角色或是發揮其功能與目的。**一如財務操作，該有的紀律，除了應該要有所依循之外，更重要的，是需要有靈活的調整機制及應變能力**。

國家機器、大型企業、機關或團體到教育事業，難有速效或是捷徑可運用及選擇，這對於決策頻率與思維習慣而言，是一個比較大的痛點。例如在學校教書的決策頻率及轉換適應，可能會以一堂課作為一個基礎；但是在資本市場的投資操作，尤其是在特定的交易模式，例如當沖機制下，可能決策的頻率會密集到每五分鐘或每一盤的間隔，就需要完成高壓與高強度的轉換。

特質四：服從，過分地服從（依規定）

如果從面對人性的立場出發，此一「服從」，雖可以說是良好的習慣或是條件，例如在面對投資決策時，停利或是停損的概念及機制，便是一個至關重要的「服從」機制及結果。

對於面對一直上攻的指數或是個股，很多投資人都在等著可以賣到最高點，也可以一直抱著一檔股票等到它成為股王或是股后，但是卻也因為人性的貪婪，而在遇到自己期待的停利點時候，總想著可以再「多一點」，這個多一點，就帶著無窮盡的魔鬼，吞噬著已經獲利的部位，而市場在快速變化的時局下，很有可能一個反轉，就完全走向不一樣的結果，卻也為此吐還已經獲利的部分。

同樣的，停損機制的設計，主要在於每一個投資人對於損失的觀點及可接受程度的心理素質及抗壓性，特別是在現行投資及理財資訊爆炸的時代，許多人在投資策略的引導之下，認為當所持有之股票或是部位在下跌時，可以透過攤提（平）成本的方式，持續地加碼同一檔股票或是商品，而忽略了需要在該檔股票或是商品的基本面及趨勢面進行更完善的評估，甚或是重新的調查及衡量。

對於每天新聞訊息快速及公司及其產業變化多端的企業

來說，每天都有著數以千計甚為萬計的資訊會影響股票或是商品的漲跌，在沒有額外多做功課的情況下，單純地以過往的投資紀錄，而片面的以為可以攤平投資成本的概念，可以說是愈攤愈平（貧）的高風險行為。

然而，這些特性或是偏好，對於「理財」或是「投資」而言，似乎有著些許的衝突，但卻又在現實的操作面，有著無法迴避的必然性。例如：面對「恪遵師訓、心如止水」，在理財或是投資時，雖然本就應把持著如「泰山崩於前而色不變，麋鹿興於左而目不瞬」的精神，立於喜怒不形於色的境地，但就實際的投資經驗及體悟來說，沒有任何人能給出比親身經驗更能感同身受的體驗，就如同在事業或投資的領域中，什麼都可以透過師長前輩轉述與分享，但唯有「格局」是親自發揮及展現在自己的體驗中，所以，前人的智慧不一定充分移轉並展現於我，如同基金投資的廣告詞一樣，歷史績效不代表未來績效。

我們常說「選擇」比「努力」重要，「捨得」比「堅持」重要。畢竟在產業的輪動及個股的選擇之間，又或者在大趨勢的帶領之下，千萬不要在熊市的市場想要找到能一隻獨秀、穩賺不賠的標的；而且在該停損的時候，更不要留戀甚至眷戀；留得青山在，不怕沒柴燒！

規矩，就是用來突破的！這個概念，雖然與前述「服從」的概念相左，然而，在金融市場中，要「突破」的，向來就不是突破自己舊有的壞習慣，而要是突破尚未被打通的「任督二脈」。

「任督二脈」係指在傳統醫學當中，奇經八脈裡最重要的兩條經絡，而「任脈」主陽，係起於小腹內，下出會陰，向上行經腹，關元等穴，到咽喉，環繞口唇，經面部，進入目眶下；「督脈」主陰，起於小腹內，下出會陰，向上後行於脊柱的內部，上達項後風府，進入腦內，沿前額下行鼻柱。

而「理財」或「投資」，總歸一句話，就是金錢的遊戲。其中的「任督二脈」，以陽為鑒，指得就是「資訊」；以陰為鏡，指得就是「金流」，何以得知呢？

金融理財或是投資決策，不外乎就是對於市場中各項資訊的彙整及分析，綜觀國內外各家大型證券公司，其所提供之服務，無一不以提供「精準」兩字之資訊為其核心，亦如外資券商經常使用之資訊服務終端機，亦或其所引用之資訊，如彭博資訊（Bloomberg）或是路透社等（Reuters）為概念，均以資訊流的充分、全面及完整性為其核心價值。

而投資的背後，指的就如流水的金流。水庫充盈、子彈

充分，水勢驚人，淘淘不絕，指得就是資金是否充裕。而成功的理財與投資，不外乎就是以「資訊」及「金流」進行完美搭配，定能收一定之能效。資訊的取得，在保守穩健的家庭或是特定職能角色的夥伴上，不單單僅反映在去努力取得資訊的成果上，更甚者會希望能有事前分析、事中校正、事後追蹤的完整紀錄，以供下一次的評估作業；但考量「金流」時，非固定額度、不特定時點、波動率忽高忽低等影響因子的存在，多半會讓「軍」、「公」、「教」三個族群在財務習慣上，產生較高的情緒起伏。

特別是在風險偏好屬於風險趨避者的「軍」、「公」、「教」族群，之所以無法突破及改變此一偏好屬性之原因，在於這三個職能的薪資計算基礎，都是用「一日固定時數」的方式在計算及評估。所以，針對借貸行為產生的槓桿效果，在未經提醒，赫然發現所運用或是操作的資金部位，一旦市場發生系統性的風險情況下，會出現一個衡量事態嚴重與否的說明方式，就是要換算為「要幾天幾夜多久時間的不吃不喝」才能弭平錯誤的行為或決策所帶來的金錢損失。

對此，運用財務槓桿的程度，或是在選擇是否用此一概念進行融資決策在理財或是經營企業時，在「軍」、「公」、「教」三個族群對此觀念的認知及理解上，似乎基本上都秉

持著，能不多貸款就不多貸款，能早點還清就不要拖欠。

此部分的出發點，除了圍繞在我們前面所提及的質性分析情境之外，卻也忽略了資金貸款可能需要考量的其他問題，例如資金取得成本的優勢性，一般「軍」、「公」、「教」成員因為工作的穩定及授薪條件可資比較及調查，所能取得更具有成本優勢條件的資金供運用；以及大環境下，資金借貸利差之安排及工具的選擇。

透過工具的選擇，無論是國內一般企業或自然人與銀行往來的部分，又或者係透過國內外金融票券的交易，都可能在經過設計及安排之後，大幅下降利差風險至可控的範圍，甚或轉為保本或是獲利的交易及工具設計，進而對「軍」、「公」、「教」族群的子女，導入正確應用財務的基礎與邏輯，強化對於與金融機構往來的信心及認識！

07. 錢跑回台灣，境外公司的下一步

文／王健安

財稅新布局問題面面觀

Q1：因應新稅法，境外公司要砍掉重練嗎？

Q2：台商為何寧願補稅，也要資金回流？

Q3：為什麼要有清楚的帳務，才會有源源不絕的資金？

　　從許多財金資訊或相關新聞中，經常看到提及海外資金不停地回到台灣，但是仍有人懷疑，究竟是不是真的有資金回流台灣？從許多客觀上的數據可以看到，事實上資金是有回流的。

　　這些上千億的資金，包含個人資產、境外盈餘，大型上

市櫃公司的境外盈餘，都回來台灣了。最著名的例子，就是過去有「股王」之稱的大立光（3008），一次性的匯回保留在境外子公司高額未分配的盈利，這就是一個明顯的案例。當然還有非常多的廠商因應台灣政府各種政策或法令的優惠，陸續回到台灣投資。

為什麼這些人要回來台灣？背後動機是什麼？

首先，從資金的透明面來看，先前提到，現在全球資金透明化，也就是無論是全球金融帳戶，或是銀行的其他金融資產，全部都必須透明化。透明化之後的下一步，就會產生一些課稅的措施，包含 CFC（受控外國企業）這樣的相關制度。我們發現，現在把錢留在境外公司或是留在海外帳戶，其實沒有太大的誘因，反正一樣要課稅。而台灣並不是一個匯款或國際金融受到太大限制的地方，而是可以自由貿易，相關金流也自由的國家，不用擔心錢進去了，以後可能會匯不出來。

因此對於台商而言，回到台灣是很好的選擇，再加上政策誘因，讓許多台商願意把境外的錢匯回台灣投資。

其次，有些資金匯回台灣的目的並不是回來投資，而是擔心個人資產在境外長期沒有繳稅，未來可能會面臨跨國查核的風險（例如沒有完稅）。

「**境外資金匯回專法**」是讓大家願意把錢匯回台灣的重要誘因，此專法的規範是：無論你的錢在哪裡賺的、多久以前賺的，只要你回來，就一次性的繳納一筆稅捐，視同這筆資金是完稅的，同時稅率非常優惠，第一年繳 10％，第二年繳 8％，相對一般境外所得最低稅率是 20％，來得低很多。如果和中國大陸的來源所得稅率相比，中國依法要併入綜合所得稅中，使得個人綜合所得稅繳稅的稅率最高會高達 40％，因此台灣的優惠稅率對於所有的企業主或個人而言，都是非常划算的選擇。

▶ 稅務居民 VS. 稅務國民，境外公司還有存在意義？

還有另外一個很重要的考量，就是國際上針對個人海外所得的課稅對象認定，極少會有國家採認定國籍有關的「屬人主義」，大部分的國家原則上是採取「屬地主義」；是依據居住所在地才會產生課稅的狀況，稅務居民的判斷標準就是根據居住地，會被課稅對象指的是稅務「居民」，不是稅務「國民」，所以坊間談到轉換國籍……等等，其實沒有任何意義。

因此，很多台灣企業主還是會選擇把錢匯回台灣，一方面放心好使用，另一方面也可以迴避未來可能會被扣稅等各種風險。但是問題來了，既然錢都匯回來，甚至人也都在台灣，若再從未來相關的稅法規定以及設立公司實際營運處所的角度來看，稅法第43條之3與第43條之4都有明文規定。

既然如此，為什麼台灣公司還要維持境外公司呢？

境外公司存在的意義是：和境外交易往來的廠商是公司的下游，長期往來，有一定的信賴，有一定的供應鏈關係，不方便轉換。以及境外公司的結構包含了企業的海外股權架構、營運管理相對有效率。

但是，在全球反避稅的浪潮下，歐盟諸國都已經針對所謂的境外公司（尤其是設立在不課稅地區的租稅天堂），如果後續還不配合 OECD 相關措施，不但會被列為黑名單，甚至得要面對被制裁風險。

如果和被 OECD 列入黑名單或是被制裁的公司往來，就算只是下游廠商有往來，不是和母公司直接往來，也可能產生問題。例如，銷貨金額將會被歸為「不列入」所謂的成本認定。換言之，透過某些境外公司進行運作，其實反而是有害的。既然在可能有害的情況之下，為什麼還要繼續維持這些公司？這就是我們的疑問。

過去，可以利用境外公司做租稅規劃，達到減少稅負或是在交易上取得便利性的目的，但在今時今日可能已經不存在了。既然境外公司存在的目的消失，是不是該重新設定呢？無論是針對國際租稅的規劃也好，各國之間的租稅協定也罷，應該歸納出一個真正合法合規的境外公司的境外投資架構與運作架構才是最好的作法。

▶ 國際稅、國內稅無處躲，隱藏利潤如實繳來

　　從國際稅角度來看，OECD 所推行的行動方案（包含 CRS 的機制）到要求這些位於免稅天堂地區的境外公司去制定所謂的「經濟實質法」，從金融及做生意的方式去掌握它實際所賺的錢，目的都在於使境外免稅的非實際營運公司無所遁形。

　　當這些資訊透明之後，就會依照各國的稅法，例如台灣的 CFC 的防制，或者 PEM（實際管理處所）的法治，回歸到各國去課稅；因此，這些境外公司的存在，其實已經失去降低稅負的目的。

　　而在各國的國內稅，則有相應的法律機制，可以把這些境外公司產生的收益收歸境內去課稅。更何況近年在國際

所推動的「最低稅負制」，對一定規模的大企業，不會採用在免稅天堂設一個利潤中心保持盈餘的手法，而是採用一些更複雜的方式，並且對一些可能很需要對他們的國家進行遊說，甚至與該國政府直接達成一定的協議，以取得租稅利益的結果，其中最有名的就是在愛爾蘭陸續發生的爭議。

所以原則上處理的對象早已與各個租稅主權國達成一定的合法合規協議，因此當去做這樣的處置時，境外公司的母國還是可以依照最低稅負的法制做一定程度的調整。

但是台灣大部分的企業並沒有做這樣的安排，而是直接運用把公司隱藏在境外免稅天堂來達成目的，其實這些根本不需用最低稅負制，只需運用金流的透明化，去認定實際營運地或使公司的經營目的明確化，以及控股結構明確化，達成所謂的受控外國公司的要件，就可以達成營業母公司母國課稅的效果，這些訊息都不會再是秘密。

更何況，更有趣的事情是，台灣有非常多的境外公司，其銀行帳戶開立在台灣國內銀行的 OBU 帳戶中，也就是台灣的銀行，台灣國稅局不需要透過任何的租稅資訊交換手段，就已經可以得到這些資訊了。所以，儘管就台灣的國際社會地位，或是願意與台灣簽訂租稅資訊交換的國家有限，但第一批針對這些在境內 OBU 戶頭的境外公司，國稅局其

實早就已經可以有相關的規範去處理它，這是台商們要非常注意的事情。

過往所謂的節稅手段，就現今來看都不是合法的措施，甚至可能已經被認定為逃漏稅，這兩個部分都是要特別注意的地方。這些過往的做法會產生很大的經營風險，這些風險也會帶來一定程度的影響與結果。

▶ 帳不對步步錯，撕破臉才知嚴重

另外，境外利潤中心股東糾紛，也會導致境外公司「意外」曝光。舉下列實際案例說明：如公司內部因為帳務問題產生的狀況，按照以往台商境外接單的架構，就會發現事態嚴重。境外公司因為涉及接單與反映生產成本，會把錢匯去生產基地，例如中國大陸、越南等地。也就是台商在台灣有公司，境外公司也有公司，然後進行所謂的三角貿易，這樣運作方式，經年累月之後，也許會有很多利潤保留在境外公司，形同老闆的小金庫。這樣的方式一開始可能相安無事，因為股東們可能根本不知道實際的帳務流向，但是等到有一天發生分潤不平、股權糾紛或是股東之間撕破臉時，股東們就會把文件流、金流都翻出來，屆時帳目不對的問題逐一暴

露出來。

了解公司財務報表的人，會知道財務報表呈現的盈虧不是那麼單純的數字結算；財務報表中，包含存貨的估值、設備的折舊等等，都會影響一家公司最終盈虧的結算，當其中發生誤差時，就會連帶造成境外利潤中心實際獲利結算出現問題。

當獲利實際上出現問題，意味著會產生好壞兩種方向。其一是公司一直賺錢時可能不會出問題，因為老闆和股東都有錢分，甚至在一些資產減損或折舊沒有合法完全攤提的情況下，可能還會分到超額利潤。不過，當公司出問題，遇到景氣下滑或是經營環境改變的時候，就可能發現帳上現金不夠用；明明公司有賺錢，為何只是獲利下滑，錢就不夠用？

當公司發現錢不夠用時，老闆首先會警覺「帳是否有問題」連帶的會讓股東質疑，甚至發生股東糾紛。如果公司陷入虧損，還有可能涉及到是不是部分股東掏空？擅自挪用資金，使得股東之間出現懷疑不信任。在我們經手的實務案例中，**很多公司股權或是營運資金發生股東糾紛後，鬧到其他機關查證，意外揭露公司還有境外架構或境外藏錢的事情**。

不論是透過 CRS 或者是國際租稅資訊交換制度，調查並且交換查訖所謂境外公司案例，到目前為止，台灣企業還

沒有發生過，但是未來相信一定會有。在台灣發生過的案例往往是因為公司股東紛爭，或是經由內部員工的檢舉機制，導致資料外流，讓國稅局、調查局等調查機關必須承辦，陸續查出相關的境外公司，並且進一步追究是否繳稅，甚至還有可能要承擔刑事責任。

未來，無論是法規上或是制度上，透過境外公司避稅的好處跟利潤將不會再發生。傳統老闆們過去幾十年累積而成的（財稅）問題，只能說積重難返。過去不會有問題，是因為公司一直很賺錢，現金流一直是正的，就算帳不對，反正都還有錢可分，而且分到的可能還不錯，對於帳上的誤差，股東之間可以溝通解決。

但是在世界變動劇烈環境下，很多台商工廠要從中國大陸遷廠到東南亞，需要非常大筆的經費，一旦資金流不夠，不免就會有股東開始懷疑，為何過去帳上都賺這麼多錢，現在公司要用錢了，卻發生錢不夠用，甚至還要股東們拿出個人的錢！

除非你是公司的主要經營者，或是公司就是你人生的一切，否則對於其他股東來說，尤其是單純的投資者，當你要求他把已經進口袋的錢再拿出來投資公司，是非常困難的。因此當公司發生資金缺口，經營階層必須承擔籌資責任；不

只對外找錢，甚至是自己拿錢出來。

　　試想，如果是在帳務這麼不明確、獲利都藏在海外沒有揭露的情況之下，要怎麼對外找錢？

　　而公司帳上的錢如果又都已經分給股東，甚至因為帳不清楚，出現超額分配的情況，不只是公司帳上不會有錢，連想在國外要做一些金融融資，可能也無法如願。所以我們常看見公司有一些變動，賺錢的趨勢改變了，常演變成撕破臉的狀況，彼此互相猜疑、質疑，必然發生，屢試不爽。

　　如果經營的過程中有一些重大轉折，並非經營不善獲利下降，而是轉投資甚至是因為現在的生產基地遷移，需要大筆資金時，也會發生這樣的爭議；縱使公司獲利也無法避免。

　　這時，有在經營的股東與沒有在經營的股東可能會產生信任度的問題。試問在這種情況之下，如何讓公司的股東再把錢拿出來？尤其公司沒有一個數字漂亮又透明公開的帳務，縱使每一年公司實際獲利豐碩，也沒有人敢信任你的公司有經營能力，而願意出資借款。

▶ 作帳不是應付稅務機關，而是為了擴大經營的槓桿效果

過去，企業老闆會覺得帳不重要，是做給國稅局看的。實際上，帳非常重要，帳愈明確、清楚、乾淨、完整，愈能夠證明過去的經營成果，就可以去融資，還可以選擇發行新股，吸引投資人認購新股，甚至溢價認購。

雖然發行新股，對原始股東的股份會有稀釋效果，但是如果持股比例很大，釋出一部分持股並不會影響經營權的問題，反而可以換到相當可觀的資金，這是何樂而不為的事情。此外，發行新股募得充裕資金，會讓公司營運有有放大槓桿的效果，甚至產生盈餘分紅的效益。

此外，經營者籌資也可以透過向銀行貸款融資，除了抵押資產，大型公司也可以把應收帳款做抵押，都是常見的做法。相較於現在很多的台商境外公司向銀行申請貸款方式是押現金然後去換貸款額度，例如押 200 萬美元的現金，去換個 500 萬或 700 萬美元的額度，這種做法其實是拿錢換錢，無法把帳上盈餘發揮到最大效用。為什麼？因為一方面此種質押方式是真金白銀是現金是現在的錢，你不能動。我們講的融資方式該是還沒賺到的錢，甚至只是營收，而不是所謂

的獲利，跟你要拿真金白銀的獲利去做質押，那是一個很顯然的差距。

　　所以**帳對了，會成為可以用來融資的工具跟武器，絕對沒有任何壞處**，而且可以避免很多過往的紛爭。在現今的經濟環境下，所謂的節稅、避稅效果，已經不那麼明顯或不可能發生的情況下，面對「把帳整對」這個事實是本書建議的比較新，也是最適合的做法。

▶打造人人看得懂，能信任的財務報表

　　公司帳正確與否，不僅僅是稅上有好處，對公司的未來還是公司的內部對股東交代有好處，甚至對外募資如股票發行都會讓公司的價值真正浮現。因此，打造一份人人看得懂的財報，會讓外部的錢源源不絕。

　　先前提到所謂的募資的手段。從過去的舊思維來看，一直都是公司今年賺了 1,000 萬元，就把 1,000 萬元投入繼續買機器，去投資各種設備，用的都是實打實賺的錢去投入經營，而且重點是：賺到的錢，如果都繼續投入，你是公司的股東、負責人、老闆的收入從哪裡來？

　　如果領的是公司薪資，從個人所得稅的角度來看就是薪

資所得，那麼適用稅率與成本費用扣除都比較高、對自己比較不利。不過如果換個方向，從財報上、公司賺錢的角度來看，過高的報酬，無論是董事還是董事長的薪資或者其他各種必須支付的薪水等項目，都是要在「稅前的費用」部分做認列，也就是說，如果董事長領更多薪水，獲利金額便會下降，獲利被稀釋，公司的財務報表數字就變得不好看。

以往許多人可能認為，獲利被稀釋了，要繳的營所稅就變少了，但是羊毛出在羊身上，獲利透過薪酬的方式稀釋後，雖然營所稅繳得少，但是個人綜所稅還是要繳交，只要公司有賺錢，稅就跑不掉。

那麼如何讓公司賺的錢發揮最大的效用呢？我們必須建立一個方向。首先，公司營利事業所得稅繳得多絕對不是問題。為什麼「繳多」絕對不是問題？早年「兩稅合一」的時代，還有股利所得的試算扣抵，股東可扣抵稅額反而是更加有利的狀況。儘管現在「兩稅合一」制度已經落日，但「試算扣抵」或「股東股利所得分離課稅」機制仍在，導致營利事業所得稅，實打實的就是要繳出去，而且是現在營業所得稅扣繳已到 20％，比之前 17％ 還要高。

▶ 不想讓企業獲利反映在財報上？這觀念連詐騙集團都不如

不過沒有關係，我們要想的問題是，獲利膨脹了，稅繳了代表什麼意思？代表公司賺錢！那麼接下來新的思維是，你究竟要不要讓大家知道你很賺錢？

以往傳統華人社會強調財不露白，不要讓人家知道你很有錢，不讓人知道你很賺錢，這種古早傳統思想早該被放棄了。現在坊間的詐騙集團，為什麼可以騙到一堆錢？因為他們在炫耀自己很有錢，一出手就是跑車與滿手現金，告訴大家他很有錢，即便這些錢可能是借來的，跑車也是租來的，但他們想要打造的，就是塑造人家認為他很會賺錢的信任感。那麼試問，若你是真正的企業主、實業家，為什麼不讓人家覺得你很有錢，不讓人家知道你會賺錢？

我們要想到的是你的公司假設淨利率是 10％或 15％；這在許多高技術的產業，或是門檻比較高的產業，其實不難做到，或是單純就談淨利率只有 5％、6％的製造業，如果有人想投資，他用合理的價錢投入的情況下，他的資產報酬率是多少？所謂淨利率的計算，是從營收來做換算。例如營收一億元，淨利率 10％就是賺 1,000 萬元。這涉及到投資

人想拿錢投資，如何可以分到 1,000 萬元？分到的比例是多少？

因此我們提出的問題是：這個投資人的投資報酬率，是看著營收、淨利去做決定。但是實務上很多針對公司做估值的辦法，就是跟營收與獲利做綁定，去換算各種方式看投資的合理性。

所以過去的舊思維是看公司賺了多少錢，可以投入多少錢做營運、擴大、後續的發展。現在我們看的是公司賺了多少錢，可以把公司本體的價值放到多大？這個問題在一般上市櫃公司是非常常見的概念，也就是本益比，或是每股稅後盈餘（EPS）多少，每股稅後淨利多少？看的都是這個公司的價值。

▶財報新觀念，用投資人的錢來投資才是王道

所以為什麼上市櫃公司、IPO 公司，他們看的是**「寧願繳更多的稅，也要賺更多的錢」**。為什麼一般中小企業沒想到這件事情？理由是那是上市櫃公司，只是上市櫃公司跟中小企業有什麼不一樣？最大的不同點就在於上市櫃公司的股票是自由流動、可以公開交易的。這也意味著，公司需要讓

股票流動，股價上漲，股票交易可以換得老闆的身價增長。

看看現在的世界首富，從特斯拉的伊隆．馬斯克（Elon Reeve Musk），到之前的亞馬遜的貝佐斯（Jeff Bezos）到蘋果電腦甚至當年的微軟的比爾蓋茲（Bill Gates），他們哪一個人的身價是真金白銀的現金去計算的？不是，他們大部分的身價都是股票的價值。

我們發現，股票價值的增長才是真正累積巨大財富最快速也是最正確的方式。而不是將今年賺了 1,000 萬元，明年賺了 1,000 萬元，總共賺 2,000 萬元，這種以現金角度來考慮身價，這是不實際的。我們要看的是：公司一年可以賺 1,000 萬元，但是公司現在值多少錢？

比照上市櫃公司的富老闆們，會發現公司股票價值的增長才是真正能夠致富的遊戲規則，這就是所謂的資本市場。縱使你的公司沒有做公開發行，不是上市櫃公司，是否就無法進入所謂的資本遊戲呢？答案還是可以的。

現在台灣越來越多的創投、投資機構都有往前階段，就是未公開發行的公司去做前期投資的動作。愈是前期投資，愈有可能獲得巨額的利潤。對於需要錢需要擴廠的老闆來說，可能只需要把公司估值計算出來，你要建廠、遷廠做任何改善所需的資金，只要透過釋出一定比例卻不會影響營運

控制權的股權，就可以達到。

　　所以我們要提的是，現在新腦袋的老闆，要想到的是怎樣拿公司的價值去換錢？最好的模式就是印股票，這樣的生意為什麼不做？

▶ 印股票賺身價，前提是帳冊乾淨且公開透明

　　如果印股票換不了足夠的錢，更進一步是借錢。就如前面提到的各種的質押、擔保品，從應收帳款、現金與機器設備廠房都可以去借錢，這些公司資產除了製造生產外，應該發揮額外的用處，再拿來增加營運資金有何不好？

　　所以老闆要思考的是：手上的資產如何創造更大的價值與效益？印股票可以換錢，資產可以換錢，而這些做法都源自於同樣的核心邏輯，就是**公司的帳戶必須是乾淨、明確、公開以及可信任的**。

　　這樣不論是銀行還是外部投資者，才能信賴你的公司，才能使用資本市場的估價模式做投資，所以我們發現，這幾年其實台灣新創風潮非常熱絡，而這些新創公司在需要募資時，最重要的一件事就是從源頭開始，就把公司的帳務與財務，做到公開、透明、公正。

對於經營事業幾十年的老闆們，怎麼去做到這件事其實也不複雜。我們在協助客戶從事併購或投資的情況之下，常常看到很多中小企業非常有技術力，實力更是雄厚，但是帳冊簡直不能看，背負無限大的稅務風險與法律風險。此時該怎麼辦？

最簡單的方式就是成立一間新公司，把業務資料全部移轉到新公司運作。然而不是人人都能接受這種方式，都可以順順利利把業務完全移轉，因為涉及到供應商的名單與專利等各種面向，並不適用在每一個企業。

所以，必須從企業本質調整，化解稅務風險，這是很多企業，尤其是重資產企業，在供應商名單有特許資格認定上，再調整財務體質時，最重要的做法。

無論如何，未來的世界不可能靠自己的力量經營，把辛苦賺來的錢，一輩子經營同一個事業，就要透過財務的方式，善用外部的錢去分散經營風險，才能享有更大的經營成果。而分散風險、擴大經營成果的方式，絕對植基於財務報表的正確性。

綜觀現在世界巨頭公司、新興企業獨角獸，哪一個不是透過募資方式達成擴張？哪一個是老闆自己將賺來的錢再投入？回歸到根本，還是財務與法律如何能夠做到合規合法，

才有機會與能量做更大的發揮與善加運用外部的金錢。

財稅新布局必知關鍵字

TIEAs 稅務資訊交換協定範本

Tax Information Exchange Agreements 簡稱，TIEAs。

2002 年 4 月 OECD 訊息交流工作小組發布了稅務資訊交換協定範本《TIEA 範本》，該協定源於 OECD 為解決有害稅收做法而開展的工作，目的是通過資訊交流促進國際稅務合作。該協定不是具有約束力的文書，但包含雙邊協議的兩種模式。經過長時間的修正與完善，截至 2014 年，《TIEA 範本》已有 120 多個國家同意從 2006 年開始進行這種刑事和民事方面的稅收資訊交換。美國也已經與被 OECD 列為避稅天堂國家的 14 個司法管轄區簽訂了稅收資訊交換協定。

08. 老企業更需要變，誰不轉型誰就被超車！

文／蘇錦霞

財稅新布局問題面面觀

Q1：當小公司從有限公司長大為股份有限公司，為什麼一定要遵守公司法？

Q2：為什麼財務規劃比營運轉型更重要？

Q3：一定要請專業財會人員才會有好的財務體質嗎？

　　「不創新，就等死！」（Innovate or die），管理學之父彼得杜拉克曾說過這樣的觀點，疫情之下，更加速了全球企業新一波汰舊換新的危機。

　　尤其對台灣數十萬家中小企業而言，五、六十年前的產

業更新速度，跟現在相比不可同日而語。新興產業或是原有產業的技術，都成爆炸性成長，許多企業也意識到，無論是企業轉型、成長、傳承，很關鍵的一點就是財務規劃必須提早進行。

過去台灣許多企業從小額營收做起，為了省成本，很多會計帳務、制度都會便宜行事，例如股東自己借名，會議召開章就自己蓋，日積月累，等到公司體質茁壯之後，才發現長年累積的稅務、法務層面的問題盤根錯節……

當舊問題不斷上演，企業要照著傳統的思維行事，或是學習新的思維突破創新，未來幾年，將會是台灣企業的轉型關鍵期！

▶ 實務案例：傳統公司轉型的起手式

金老闆年輕的時候在修車廠學修車，自己努力的自學製造汽車零件，認為有些汽車零件是可以自製賣給修車廠，於是，他慢慢成熟自己的技術，待努力存了一筆錢，就租了地下室，開始製造汽車零件。

後來因為商業往來需要設立公司，而當時的公司法規定，有限公司必須要有五位股東，股份有限公司需要七位股

東，可是，產品是自己製造，沒有人會一起設公司，於是金老闆就借用兄弟姊妹的名義，設立了有限公司。

由於公司的產品是自製的，而且沒有發展品牌，所以一開始可以用較低的價格賣給修車廠。之後，隨著產品技術做出口碑，零件產量已經無法支應訂單，金老闆思考，既然已經有了客戶基礎，何不在工業區租了一間小廠房設立工廠？就這樣，除了原有的修車廠客戶外，金老闆的訂單也逐漸擴張到汽車製造公司，他的工廠與公司規模也漸漸擴大。

金老闆在一開始，獨資設立有限公司，由於公司經營的需要變更組織為股份有限公司，並因應當時公司法規定，將股份登記在兄弟姊妹或好友名下，股東等人並沒有實際出資。且公司未曾召開股東會，後來公司營業越加穩定，公司有盈餘，因為其他股東原本皆是借名，所有盈餘分派，皆歸於傳統老闆。之後因為公司法修正，股份有限公司只要二人即可（詳見表一），傳統老闆即把其他股東的股份移轉給自己及小孩。

接下來，接到國稅局通知需要提供歷年財務報表（包含資產負債表、損益表、預估損益表、現金流量表、業主權益變動表）、地方檢察署刑事被告的傳票以及民事給付公司盈餘分派的起訴狀。因為，股東們認為公司設立之初公司沒有

賺錢，所以沒有跟經營者計較，近年來公司經營良好，都沒有開過股東會，公司有盈餘可以分配，卻沒有分配給他們，且未經他們的同意就把公司的股份移轉，認為傳統老闆涉及作假帳、偽造文書等行為，向國稅局檢舉，檢察官提告並請求給付盈餘分配等訴訟。

其實金老闆的做法很像台灣許多小企業的縮影。一談到開公司，許多人都不建議獨資或合夥，因為它是無限責任，也就是經營一家公司如果經營不善倒掉，債權人可以一輩子的跟老闆要債。而有限責任是，公司如果破產清算，那是公司法人欠錢，而不是老闆本人欠錢，債權人依法沒辦法找老闆償還。

另一個部分，有限公司的人力門檻比股份有限公司還低，所以很多人一開始會挑有限公司設立。可是，有限公司在沒有修訂公司法章程之前，投票權是不論投資金額，只論人數，就是一人一票，跟股份有限公司不同。

修法之後，有限公司的章程修正可以比照股份有限公司，才可以用股權大小算投票權。例如我們開了一家有限公司，有五個人當股東，不管你出多少錢，一人一票，股份有限公司投票按照股數，可是問題來了，股份有限公司在早期需要很多人，成立很困難，而有限公司的規模比較小（詳見

表二），所以記帳業者就告訴業主必須找一堆人才能成立股份有限公司，這是為什麼早年很多人創業都急迫用人頭成立有限公司的原因，家族朋友能用得上的都用，法條這樣設，那麼會有一些人開始想要便宜行事（造假）就不足為奇，這裡就開始出現一連串生態系的問題，其實是歷史共業！

▶傳統作法，當心愈做愈窮！

今天公司是老闆的，但人頭不是老闆，於是有很多不合理的事就開始發生。

舉個例子，很多小資本開公司的人都有經驗，當公司沒賺錢的時候，老闆通常不會發薪水給自己，所以很多一人公司的老闆沒有人領薪水，這樣的狀況就形同於公司的費用虛減，也就是該有的費用沒有認列。

接下來就會出現幾個狀況。公司去年的費用，少認列老闆的薪水，如果去年到年底，公司賺錢盈餘變多了賺錢了，那今年五月結算之後的結果，老闆當初沒有認列薪水，賺的錢全都是盈餘。那依法規，所有股東（也就是所謂的人頭）在帳上是有權利按照持股比例分配盈餘的，這時很多實務是，要是老闆與股東們關係維持不錯，大家就會講「老闆一

個人在公司裡面打拼，那多分一點」。這種概念一不小心就變相成為「老闆多分一點叫股東們的『施捨』」，因為依法他並不需要多分一點給你。

也因為老闆沒有領薪水的關係，實質上對一人公司或家族公司而言，營所稅跟個人綜合所得稅，都是同一個人繳的（就是老闆），也就是營所稅 20% 也是老闆繳的，盈餘分配還是老闆繳的（個人綜所稅），那麼稅率就會發生一個狀況，老闆本人實質上可能繳了 40%，而股東盈餘分配分離課稅只繳了 28%。

此外，你個人盈餘所得，公司費用虛減就等同盈利虛增，股東們會不會拿虛增的報表來挑戰你？這個報表還是國稅局背書過的！正常來講依法又沒有兩套帳那回事，那麼，如果你做假帳，賺的有沒有比那張報表還多？股東有資格罵老闆，甚至告老闆。再則，即便是用這張報表核定下來的盈餘，不談假帳的問題，股東們也有資格分配盈餘啊，除非你帳上有先說明，許多企業傳承的衝突點就是從這裡開始！

為什麼這些傳統老闆會面臨這些問題呢？潛在的原因往往從公司成立之初，就埋下了日後會產生的問題：

原因一：未聘任專業的會計人員

傳統公司一開始只是小額的進出帳，為了節省成本，並未聘任專業的會計人員，而是外包給記帳業者，當要申報營業稅和營利事業所得稅，通常都有一個以合法憑證的帳本記錄交易做為報稅的依據，但是，這套帳本可能跟實際營收的情形不同，若經稅捐單位的查核，是否能安全過關，傳統老闆很是擔心。

基本的財務報表，包含了資產負債表、損益表、預估損益表、現金流量表、業主權益變動表等，若是有不實的登載、偽造或變造或毀損內容、故意遺漏等行為，依據商業會計法第71條可以處商業負責人、主辦及經辦會計人員或依法受託代他人處理會計事務之人員五年以下有期徒刑、拘役或科或併科新台幣六十萬元以下罰金。

原因二：未出資股東借名登記

傳統老闆如果要主張是借這些未出資的股東之名義登記股份時，就是主張跟這些股東有借名登記契約。而借名登記須出名者與借名者間有借名登記之意思表示合致，始能成立，且借名契約係就借名登記之財產仍由借名者自行管理、使用、處分之契約，並無使出名者取得實質所有權或其他權利之意思。

若是，有一方當事人主張其將所有之股票借名登記於他方名下，惟他方否認此一事實，則當事人應就此一借名登記事實，負舉證責任。如果不能舉證，縱他方就其抗辯事實不能舉證，或其所舉證據尚有疵累，亦會認為並非借名登記，所以，傳統老闆舉證借名登記是非常重要的！

原因三：未依公司法詳實登記股東名簿

因為就股份有限公司的股東名簿應記載各股東的本名或名稱、住所或居所，及其股數及股票號數等。且記名股票之轉讓，非將受讓人的本名或名稱記載於股票，並將受讓人之本名或名稱及住所或居所記載於公司股東名簿，不得以其轉讓對抗公司，這是公司法第 169 條第 1 項、第 165 條第 1 項分別定有明文。

因此，凡列名於股東名簿的股東者，即推定其為股東，對公司得主張其有股東資格而行使股東之權利。從而公司應以何人為股東，悉依股東名簿之記載以為斷。是凡於股東名簿登記為股東者，縱未持有公司股票，除被證明該過戶登記出於偽造或不實者外，該股東仍得主張其有股東資格而行使股東之權利。

原因四：股東盈餘分派未符合公司法規定

另外，對於股份有限公司之盈餘分派，是依據公司法第228條第1項第3款、第230條第1項規定，係於每會計年度終了，由董事會編造盈餘分派之議案表冊，先送交監察人查核，再提出於股東常會請求承認，經股東常會通過後，分派給各股東。另依公司法第232條第1、2項、第237條第1、2項規定，公司有盈餘時，須先完納一切稅捐，彌補虧損，依法提出法定盈餘公積，若依章程或股東會議決須提列特別盈餘公積者，並提列特別盈餘公積後，尚有剩餘時，始得對股東分派盈餘。

所以，公司股東之盈餘分派須踐行上開公司法所規定之程序及符合上開公司法所規定之要件，方得行使，公司及股東均應遵行，不得違反。傳統老闆是否有依照上開的程序處理盈餘分派？若沒有按章處理，要面對的問題就會很麻煩了！

原因五：股份轉移未按法定程序辦理

股東股份移轉依公司法第163條之意旨，股份有限公司之股東股份轉讓係以自由轉讓為原則，另依同法第165條之規定，股份有限公司股東持有股份之轉讓，僅須按法定程序

向公司辦理過戶手續即可，毋庸向主管機關申請登記。最高法院也認為：「公司股份之轉讓只須當事人間具備要約與承諾之意思表示即為已足；所謂在公司股東名簿上『過戶』，僅為對抗公司之要件」。依此等見解，可知公司未發行股票之股份轉讓方式，只要買賣雙方達成股份買賣之合意，即生股份轉讓之效力。

而原本借名股東是否有將股份轉移的意思表示，若無沒有返還移轉的意思，而傳統老闆就直接辦理過戶手續，可能有涉及刑法偽造文書的行為，因為依照刑法第 210 條之偽造文書，以無製作權之人冒用他人名義而製作該文書為要件，借名股東未表示願意將股份移轉之前，傳統老闆恐不能直接辦理。

▶ 富老闆思維：懂得透過回歸正軌、借力使力！

仔細檢視這些傳統老闆在企業快速成長後會遇到的問題，多半源於先前的「便宜行事」往往沒有採取正規、循法的作法。當公司要面臨轉型，建議要採取下列建議方式，循正軌借力使力，才能穩健向前。

方法一、公司轉型第一方式，股東組成健全：原本僅是借名股東，應先與借名股東協商，就借名的事實確認，取得憑證，之後進行股份移轉，各項文件需要齊備，若將來有爭議時，可以所有依據。

然而，在移轉時，會涉及稅務問題，有以下三種處理可能方式：

以贈與課徵贈與稅：遺贈稅法第五條第三款規定，以自己之資金無償為他人購置財產者，其資金視同贈與論，課徵贈與稅，雖為借名股東，然有進行股份移轉，雙方若無實際交易金額往來，即認定為贈與，課徵贈與稅。

以股份買賣方式：股份有限公司未發行股票者，其股東轉讓股份時所出具之「股份轉讓證書」或「股份過戶書」，非屬課徵證券交易稅之範圍，但應屬財產交易，其有財產交易所得者，應課徵所得稅。

承認借名登記，回歸實質股東課稅：若承認借名登記，而稽徵機關查核結果確認股權借名登記之事實，則會要求將股份回歸轉回登記為實質股東，若以往年度已有股利所得發生者，則亦應相對回歸，而補課實際出資人之漏列股利所得稅款並裁處分散所得罰款。

方法二、為健全公司制度，應確實召開股東會，並做成紀錄，以利備查。股東會是由公司全體股東組成的最高權力機關，透過股東會的召集，來決定公司政策、檢討公司成果、選任董事、監察人等。

股東會的籌備涉及到許多法令，一有疏忽便可能會造成公司或股東權益的損失。股東會最常見由董事會召集，公司法第 170 規定有兩種：

常會：至少每年需要召集一次。在每會計年度終了六個月內召開常會。如有正當事由並請主管機關核准者，不在此限。

臨時會：可在必要時召集。公司法第 220 條規定，監察人除董事會不為召集或不能召集股東會外，必要時得召集股東會。公司法第 245 條也規定，法院選派檢查人後，對於檢查人報告認為必要時，可命監察人召集股東會。另外公司法 173 條規定，一年以上持有已發行股份總數百分之三以上股份股東，可以書面記明提議事項及理由，請求董事會召開股東臨時會。董事因股份轉讓或其他理由，使董事會不能召集股東會時，可由持有已發行股份總數百分之三以上股份之股東，主管機關許可後，也可自行召開股東會。

方法三、專業財務管理與稅務管理：公司聘請會計人員，然因為該人員除具備會計基本原理外，並且需要熟悉營業稅法規，並且要注意新稅法的更新。由於會計及稅務都具有高度專業性，聘用全職具備會計和稅務法令規定知識的專業會計人員有一定的成本。全職會計成本估算起來不是個小數目。傳統公司在公司帳目和稅額逐漸增多時，希望能記好帳節省不必要的稅金，因此有公司內帳外帳的規劃，協助企業主省下更多資金。

然而，內外帳給予了某些企業節稅管道以減少開銷，但隨著業務成長，企業內外帳差異會越來越明顯，也衍生出許多財務和法律問題。若是想要向銀行申請融資時，銀行審查人員都須查看公司營運狀況，這時內外帳呈現的差異和矛盾，就要再進行整併並根據最新會計準則調整，以符合稅法規定。

此外，當企業符合政府補助資格或想要申請盈虧互抵優惠時，稽徵機關會要求會計師簽證，查核一年度的帳務，若發現帳目上有缺漏，很可能會因情節嚴重而被處罰金或判刑，建議傳統老闆要轉型，在帳務方面要更小心謹慎，請專業財稅人員協助才能降低風險，切勿再事業往前發展時，被財稅問題綁住了雙手雙腳，無法前進。

表一：公司法修訂前後，股東人數對照

法條	修法前 （民國 86 年 06 月 25 日修正）	修法後 （民國 110 年 12 月 29 日修正）
公司法 第 2 條	公司分為下列四種 一、無限公司：指二人以上股東所組織，對公司債務負連帶無限清償責任之公司。 二、有限公司：指五人以上，二十一人以下股東所組織，就其出資額為限，對公司負其責任之公司。 三、兩合公司：指一人以上無限責任股東，與一人以上有限責任股東所組織，其無限責任股東對公司債務負連帶無限清償責任；有限責任股東就其出資額為限，對公司負其責任之公司。 四、股份有限公司：指七人以上股東所組織，全部資本分為股份；股東就其所認股份，對公司負其責任之公司。	公司分為下列四種 一、無限公司：指二人以上股東所組織，對公司債務負連帶無限清償責任之公司。 二、有限公司：由一人以上股東所組織，就其出資額為限，對公司負其責任之公司。 三、兩合公司：指一人以上無限責任股東，與一人以上有限責任股東所組織，其無限責任股東對公司債務負連帶無限清償責任；有限責任股東就其出資額為限，對公司負其責任之公司。 四、股份有限公司：指二人以上股東或政府、法人股東一人所組織，全部資本分為股份；股東就其所認股份，對公司負其責任之公司。

資料來源：公司法

表二：三種有限公司的比較

項目	有限公司	股份有限公司	閉鎖性股份有限公司
股東人數	1 人以上股東	2 人以上股東 1 人以上政府、 法人股東	不超過 50 人
出資形式	現金、財產及 技術	現金、財產及 技術	現金、財產 技術、勞務
股票發行	不得發行股票	可發行	可發行
股權轉讓	須經過其他全體 過半數股東同意	可自由轉讓	依據公司章程規定

資料來源：公司法

▶ 財務交給記帳業者比請會計划算？

　　許多微型企業創業規模太小，也沒有專業會計／帳務的人力配置，於是外包給外面的記帳業者服務。記帳業者為了要快速有效的服務，就將營所稅、營業稅等很複雜的帳務，設計的很簡單就可以處理，又因經年累月行業內彼此殺價競爭，實務上經常可見到記帳事務所一個月僅收費兩三千塊，協助業主每兩個月申報一次營業稅，每年申報一次營所稅。

所以許多實務做法上，記帳業者往往只願意處理公司，不處理個人，因為記公司的帳已經廉價到不行了，如果要就個人帳的細節再量身訂做，那豈不是讓自己變成超級廉價勞工！

ch 3 思維篇

開啟龍門之鑰，誰來協助富老闆？

09. 賣早餐賣到上櫃 —— 用全世界的錢做轉型

文 / 王健安

財稅新布局問題面面觀

Q1：企業轉型是必要之路嗎？

Q2：轉型需要資金，有哪些籌資管道呢？

在本書「**金融透明化起跑後，揭開台商們不能說的秘密**」一文中，提到各種富老闆、窮老闆的思維差異，那些思維是否適用，端看企業轉型的目標有多大。過去企業既有的賺錢模式與方法，隨著科技日新月異，或許過去三、四十年都可以靠同樣商業模式去賺錢，但是隨時經濟環境變化，過去可獲利的商業模式未必能維持高獲利，甚至走向夕陽產業了。

例如百視達（Blockbuster LLC）曾經是全球影音出租的霸主，台灣也曾遍地可見，還出現了同類型競爭者亞藝影音，但是現在已經倒光了，為什麼？

因為線上數位匯流的興起，網飛（Netflix）、迪士尼（Disney+）等串流平台的崛起，讓影音出租店銷聲匿跡。當年百視達一度買下網飛，只是不看好這間公司而沒有成功交易，沒想到時隔多年，網飛成為全球巨頭，但是百視達已經破產倒閉。

沒有產業永遠不會改變的。

從另外例子來看，臉書（Facebook）這家公司改名Meta。我們要知道臉書 2004 年成立，營運歷史不算長，在2021 年改名 Meta 是因為發現原來的商業模式已經不可行了，改名是準備進軍元宇宙的領域。

臉書改名為 Meta，其實改變的不是只有名稱，而是意味著新型態的龍頭科技公司，成立十五、六年就要做大幅轉型，也代表了新興產業從極盛巔峰轉型避免轉趨衰退，產業循環的時間，不再是上一個世紀產業循環長達三、四十年，而是快速地縮短，甚至未來有可能五、六年就有新的產業趨勢汰換，因此保持企業能夠跟隨趨勢轉型與調整的動能非常重要。

▶ 轉型的錢從哪裡來？三種方式：自己的、別人的、銀行的

　　企業轉型並非貿然改變營運模式，而是可以參考新興經營理論「雙軌轉型」，也就是既有產業的商業模式在獲利還沒有完全衰退到不行的情況下，已經開始著手展開新的營運模式轉型，如此一來，企業能用有既有獲利做支撐，開始進行新的產業長遠布局。

　　企業轉型最重要的是要投入成本。過去台灣老闆習慣把賺來的錢拿來再投入，不斷買設備擴產，結果落入營運衰退的惡性循環中，尤其時逐漸沒落的傳產，公司毛利已經低到不行。而未來仍會面臨被其他國家低廉勞力、甚至被機械自動化、工業 4.0 的 AI（人工智能）工廠所取代。

　　試問這類奮鬥幾十年的傳產老闆們最後會剩下什麼？答案是：剩下產品毛利極低但設備價值極高的工廠，但是再過五年、十年，這些設備還有價值嗎？當工業 4.0 的 AI 工廠實現後，無法與 AI 結合的舊式機具設備，最終會面臨被淘汰的命運，而老闆可能辛苦了一生，最終卻一無所有。

　　產業趨勢的汰換非常殘酷，因此對於企業而言，勿忘思考轉型維繫運營，而且轉型成敗的重點在於，要趁本業還沒

有完全沒落之前，一旦感受到危機就要開啓轉型之路，無論是商業方法上的轉型，或是數位化的轉型，甚至是產業別的轉型，都是必要之路。

做了一輩子的企業，把過去數十年賺的錢繼續投入新事業，能不能做得起來還是未知數，即便賠掉未必一無所有，由此可見「把自己的錢再投進去，風險大」。因此建議企業轉型最好還是用別人的錢轉型，不是銀行的錢，不是借來的錢，是投資人的錢。因為投資有賺有賠，投資的錢不是借來的，直白來說，賠了不用還，把轉型風險轉嫁給投資人去承擔。

不過，會有人這麼蠢來跟企業分擔轉型風險嗎？

當然不是，聰明的投資者自有判斷是否該投資的方法。

對投資人而言，要投資潛力大的公司，還是分享現有的營運成果？不論是哪種投資，判斷的依據都在於這間公司是什麼樣態？財務報表好不好看？報表真不真實？有沒有風險？對問題的答案對投資人而言非常重要。

但是台灣多數中小企業主想要拿到投資人的錢之前，面臨最多的問題就是：財報不能看。因為過去多年累積的報表不合規、不遵循或不規範，甚至隱藏稅務風險，對於投資人而言，沒有可以信賴的財務報表又怎麼放心投資呢？

另一種中小企業被迫轉型型態是：老闆年紀大了，想要退休，釋放賣公司的訊息，希望接手者能夠轉型繼續經營。但是要如何說服投資人接手後，公司未來仍然可以賺錢？如何變現獲利呢？

當不論是哪種前提下的轉型，公司財務不透明，財報不好看，稅務風險無限大，誰要買你的公司？誰會願意投資你的公司呢？

假設各位讀者認同未來轉型最佳的方案，是「拿別人的錢來做轉型」，甚至是「拿別人的錢讓自己退休」，或者「拿別人的錢讓企業能再創高峰」就必須要有富老闆的思維，重視合規的財務報表、稅務申報與遵循，同時需要相關專業人士協助把企業導入正軌，才能進行下一步的募資或是出售公司股權，才有用別人的錢轉型的可能性。

▶ 連鎖店透過上市櫃募資轉型

中小企業中不乏傳統產業轉型成功的案例，像是傳統連鎖餐飲業。這類產業特性是產品的同質性高、市場競爭者眾多，但是卻不難發現，連鎖餐飲業近年來在台灣的上市櫃市場活絡，像是 85 度 C 咖啡、瓦城集團、王品集團，以及路

易莎咖啡、麥味登早餐與八方雲集等等，都是成功轉型的餐飲事業。

連鎖早餐營運總部以品牌加盟與採購原材料為主要營收來源，這類連鎖早餐店，漢堡、蛋餅、奶茶、豆漿各家店都有相同品項，口味與原材料大同小異。因為產品原材料差異性不大，不少加盟店就會出現「跑貨」，也就是向價格更低的第三方食材供應商購買而不是向總部採購，坊間就有所謂的小蜜蜂業者，開著一台小貨車，到處流轉於各早餐加盟店家，以來源不明或個別小食品工廠的貨物，低價攬客，販賣原物料給各大加盟商的早餐加盟店，大幅削弱了品牌總部的利潤。

所以總公司一定要做出產品差異化，讓加盟店家無法從其他地方進貨，這是非常重要的關鍵點與轉型方向。所以可看到早期的美而美系列招牌，賣的食物大同小異，與近期新轉型比較成功的大品牌，比如呷尚寶、麥味登、拉亞漢堡等等，他們的經營形態與品項，其實都與傳統美而美早餐店大不相同，這是產品設計端的轉型方向。

不過，經營連鎖早餐店「麥味登」的揚秦國際企業（2755）為什麼會走向公開發行成為股票上市公司呢？

當然是為了擴大營運。該公司在數位轉型企圖心強烈，

透過 APP、線上點餐會員系統等，大量使店家更快速接觸到更多消費者，並且收集消費者的消費習慣。從累積消費習慣的數據，做更精準的商品定位也好，商品上下架的更換也好。這些和以往從加盟店反饋、員工直覺等等，欠缺科學化統計模式相比，都是非常好的進步，不只提高客戶的黏著度，也提高銷售商品的效益。

如同先前所言，麥味登的公開發行是一種籌資的方法，運用市場的錢來進行數位轉型提升利益。

傳統產業最容易遇到的營運挑戰是競爭者愈來愈多，成長動能已經受限，如果不轉型，可能會受到更大的衝擊。像是台灣早餐店滿街都是，已經到達一定的飽和程度，競爭品牌太多，如果再衝店的數量、擴張營收規模，可能有點拚，因此必須從其他方式拉高營收成長。然而做各種轉型都需要錢，難道老闆要把自己賺的錢再投進來嗎？

當然不是，所以麥味登走向輔導正規的做帳，把帳的財報營收歸納出來，成為股票公開發行公司，去股票市場募集資金，是走向正規募資模式的管道。

不是所有的中小企業都要走向公開發行之路來募資來擴張。台灣現在很多次級證券交易市場、創新性產業，申請登錄條件門檻比公開發行的申請門檻相對低一點，甚至不用

登錄公開發行，也存在非常多的投資者。無論是找創投也好或是私人投資公司也罷，市場上的資金是屬於非常泛濫的狀態。

因此**對企業而言，想要籌資轉型，未必要透過公開發行股票。尋求有充裕資金的投資者也是另外可行的管道，或是藉由併購的方式轉型擴大營運規模。**

對於大型投資機構、正規的投資公司，或者是資金上非常有餘裕的高資產人士，要讓他們有投資意願，首先就是要有拿得出來的財務報表、獲利表現，以及風險評估事項。

不論是走公開發行股票，還是找私募投資管道轉型，甚至是走出台灣，都必須受到正規投資方的檢視。因此，財務體質與帳務調整應該要從現在開始，而不是等到公司有轉型需求時候才做，屆時已經為時已晚。

成立新公司將業務與財務移轉，提供新穎漂亮的財務報表，是有些企業會為了因應轉型而採取的「速成」模式，但是這樣的做法在實務上會有大瑕疵。例如過去長期往來建立的供應商名單，未必能夠快速移轉，因此在缺乏長期往來的基礎下，會讓投資人產生疑慮，甚至基於風險考量，嚴重影響交易價格與投資意願。

整體而言，中小企業轉型成為上市櫃公司是條遠大的道

路，而轉型募資、轉型出售股權、轉型併購都是其他很好的選擇，但是關鍵根本仍是公司如何呈現「正派經營」的成果。

本文一開始提到 Facebook 改名 Meta 是基於營運轉型的巨大商業決策。而除了改名 Meta，同時還宣布每年將投入大量的金額去做元宇宙事業的發展。這個金額幾乎相當於每年淨利的全額，卻投入在新的轉型發展上，就是最典型的雙軌轉型。

既然是雙軌轉型，意味著 Meta 是用自己的錢轉型，和我強調要用別人的錢去轉型相抵觸嗎？

當然不是，Meta 是美國上市的公司，公司的錢都是投資人的錢，利用公開市場募集的資金，不斷地擴大再擴大，早就是拿別人的錢在做轉型。

Facebook 創辦之初，就是走正規道路，一步一步地走到上市櫃，一直以來都是以非常正常、合規安排的公司，才有機會在對產業危機感出現之前，就著手進行轉型。

如果你未來要成為富老闆，甚至成為國際級的富老闆；或是想成為台灣首屈一指的富老闆，都必須循著正規的道路，才能夠利用別人的錢去進行轉型。

▶轉型需求，不一定是你可以控制的

有一種類型的轉型比較特別，是台灣企業因為大客戶的規劃安排，被迫必須進行轉型，不過，這類企業賺到滿手的錢，用自己的錢去轉型。但是，如何賺到大筆的錢呢？就是關鍵所在。

金屬機殼大廠可成科技（以下簡稱「可成」）就是特殊轉型的企業。可成是蘋果電腦的金屬機殼重要供應商，蘋果的訂單占了零售的 6 成營收。因為蘋果要求，可成把大陸廠房賣給大陸的公司，賣掉之後，它的營收瞬間大減。

儘管獲利大減，但是從獲利回推，可成產品的毛利率已經逐年下降，顯見產業走向衰退。只是在毫無預警的情況之下，被客戶半強迫的出售給了競爭對手，還沒有等到產業萎縮到不能做的情況下，就退出蘋果機殼主要供應商關係。可成遇到的不是因為整個產業無法走下去，而是不可預期地，必須放棄該業務的情況。

為什麼台灣企業應該要特別留意可成的被迫轉型呢？

也許你覺得正在經營的行業，永遠都會有人需要。沒錯，但是如果毛利持續下降，未來面對價格競爭，總有一天會走到盡頭，總有一天會被更便宜的人工取代，甚至被科技

工廠給取代。但如果是你的客戶逼你放棄，該怎麼辦？

所以，我要強調的是，業務消失或者轉型的需求，不一定是你百分之百可以控制的，中間會發生許多不可預期的事情。所以，需要事先做好準備。

可成面對被迫轉型，其實也有做好準備，因為它是台灣的上市公司，財務體質很健全，營收目標、營收獲利明確，用既有的獲利狀況做為議價基礎，輕易地把工廠用很好的價格出售給對方。

反之，如果你的公司，過去為了不繳稅，把營收藏起來，把費用虛增，把財報做成不賺錢。當你被迫出售與轉型時，試問要如何拿數字，去作為出嫁的基礎呢？

而可成這樣的大公司，賣掉了大陸工廠，帳上增加了千億的資金，可以尋找新的投資標的，希望透過新業務，帶動成長引擎。而大型的上市櫃公司，尋找的投資標的，一定也是合規的、乾淨的，看起來有活力、有潛力的公司，不會去投資財報不明不白，看起來沒賺錢，但老闆一直說自己很賺錢的公司，因為公司可能存在無限大的風險，像可成這樣的上市公司是不可能投資的。

尤其對於上市公司而言，受到主管機關監管，因此無論從財務決策上、從公司經營決策上，不論是轉投資公司或是

投資子公司，甚至只是小額投資的公司，只要對方涉及違章行為，甚至違法的行為都不可能成為被投資的對象，因此不可能去投資財報不明不白的公司。

從可成的案件案例中，我們看到兩件事情。

第一、產業商業模式的結束可能不如你的預期，必須被迫接受不在預期中的產業變化與經營模式，甚至面臨被迫結束。所以，企業必須提早準備，而不是走到最後，將計就計；期待船到橋頭自然直嗎？很多時候船到橋頭，是不會直的。

第二、這些手握重金要轉型轉投資的公司，必須從健全的財務資料才有辦法進行投資判斷。基於親情、友情的投資，絕對不會是真正能把公司做到成功、做到永續的類型。

總結本文所提到的，企業的轉型是不是必要的？其實，無論從商業模式轉型、從生產技術上轉型，甚至是工業4.0，各個面向來看，企業轉型都是必要的。從行銷銷售、管理方式、數位科技應用的轉型、甚至是產業類別本身就在轉型，在現今的時空背景下，都是企業非常迫切需要去做準備的事情。

任何的轉型都需要投入成本。如果你經營了30年的企業，還要繼續拿自己過去賺到的資本投入，等於又重新賭上

身家。這絕對不是正確的做法，正確的做法是：要讓過去30 年的經營成果，換取別人對你的投資。

也就是，用過去 30 年你沒有實現的公司資本價值，隱藏在公司股東權益內的價值，去換取下一個轉型動力的資金來源。拿別人的錢來做轉型，而別人的錢不是借來的，因為借來的要還，你等於承擔了一樣的風險。

投資的錢就是跟你一起承擔風險。你換到的東西不是自己口袋裡的真金白銀，而是公司未實現的公司價值，從來沒有拿來利用過的公司價值去做體現。

總歸一句，如果要拿別人的錢來做轉型，投資人看的是公司的價值，要如何呈現與體現公司價值，就是新時代富老闆應該具備的思維。

10. 接班不是接一推爛帳 ——
我只是有血緣關係的專業經理人

文 / 成昀達

財稅新布局問題面面觀

Q1：企業接班到底該如何安排？

Q2：中小企業老闆還可以繼續把錢藏在免稅天堂嗎？

Q3：什麼是全球最低稅負制？

　　台灣社會的發展及演進，帶有著濃厚且深刻的歷史淵源，不僅是所在區域人口的組成結構，以及其所屬各級產業發展的進程，從「第一級產業」農林漁牧等社會的發展，到

「第二級產業」工業轉型及科技化的轉變，一直到所謂的「第三級產業」產生服務業及服務導向或是解決方案導向的製造及研發設計體系等，分階段地呈現了台灣的人口結構及各時間的經濟實力。同樣的，全球的人口結構，特別是在二次世界大戰結束之後，各同盟國與軸心國之經濟及社會體制，有了重新的開始。

我們經常聽到「嬰兒潮」，指的就是大約在 1946 年（民國 35 年）至 1964 年（民國 53 年）年出生的人。而自社會結構來說，主要的勞動力供給，對社會的貢獻以及對經濟的承擔，一直以來，都是落在年紀介於 25-55 歲之間，然透過科技的發展及醫療的進步，有助於擴大、延伸此一期間，無論是向下或是向上，都有一定程度的幫助及提升，是以在現行社會下，一般來說年紀介於 20-60 歲，更甚至到 65 歲，都可謂國之棟梁。

藉此，我們透過台灣歷史發展的重大時刻，來驗證一下，嬰兒潮對於台灣的社會發展具有何等重要之意義及貢獻。

台灣自國民政府遷台之後，自 1949 年（民國 38 年）開始，歷經人口急速成長，農產品出口占總出口 80% 以上，為一以農立國之樣態，並自 1953 年，政府實施第一期經濟

建設計劃，發展勞力密集輕工業，至 1960 年的「十九點財經改革措施」，至年公布「獎勵投資條例」，並於 1966 年成立加工出口區等出口導向時間的台灣，均為此嬰兒潮時代之夥伴，立下國民生活勤儉樸實的良好習慣及經濟發展不可多得的殷實基礎。

而緊接著，就來到這一批嬰兒潮夥伴對經濟貢獻的黃金年代，在他們 20-60 歲之間，也就是自 1966 年（民國 55 年）至 2006 年（民國 95 年）之間，歷經台灣經濟的「十大建設」，發展重工業、化工業，進行公共投資，包括交通、電力等基礎工程，及鋼鐵、石化、造船工業及東西橫貫公路等，雖逢國際二次石油危機，但卻也因當時台灣國際局勢發展之限制及困境，轉向國內提升自己經濟體質及強化之故，以 1984 年的「十四項建設」與 1991 年「六年國家建設」，以公共投資促進產業發展，並於 1990 年公布「促進產業升級條例」，藉以發展資通訊產業。

而台灣現今至關重要的半導體產業的發展歷程，也避不開此嬰兒潮夥伴的一路相隨及努力，從 1973 年工研院成立電子所開始，歷經**1985 年由孫運璿邀請張忠謀回台擔任工業技術研究院院長，到高科技半導體、光電、資通訊等企業如雨後春筍般地在台灣成立，如聯華電子（1980 年）、台**

灣積體電路（1987 年）、茂矽電子（1987 年）、華邦電子（1987 年）、旺宏電子（1989 年）、世界先進（1994 年）、力晶（1994 年），一直到 2002 年由行政院推動諸多半導體、光電等高科技領域的研發中心等，陸續有逾百家企業完成公開發行及上市櫃，此時期均為嬰兒潮夥伴最璀璨耀眼的事業巔峰期間，多均介於 40-55 歲之間。

至此，我們可以知道，台灣在過往期間能有此一顯著、卓越的成長及成就，嬰兒潮夥伴功不可沒，也因為有這群夥伴們的高瞻遠矚，以及洞燭機先，才能讓台灣的經濟實力與競爭優勢足以持續到現在。

而後在 2006 年起，嬰兒潮世代漸漸進入年滿 60 歲的階段，對於精神上的持續突破，心志上的堅持不懈，身體似力有未逮地，慢慢要求要這些老闆們去改變自己的選擇與行為。

初入耳順之年，對於事必躬親的嬰兒潮世代，仍維持著親力親為的習慣，反而造成了健康上較大的負擔，對於「交棒」的概念，一開始是認為還有想要努力，也還能堅持，然而現實的擔憂及顧慮接踵而至，無論是對外的業務發展、對內的組織管理；又或者是對未來的技術研發進程與突破、對現有競爭環境及條件的維繫與延展，如何形成「進入障

礙」，如何打造企業的高牆，創造持續且長久的競爭優勢，似乎成為了這群嬰兒潮世代的夢魘。

然而到了 2016 年左右，「知天命」似乎又給了嬰兒潮世代一個在人生哲學課的深刻感知及體悟。果不其然，從 2016 年起，各類型知識分享的渠道及教學單位，無一不在探究「接班」的議題、無一不在協助「接班」的落地、無一不在完成「接班」的任務。國際級的重量級企業是如此，區域性的中小企業亦然，家族企業更有著沉重且深刻的教訓。

現今針對「交棒」、「接班」議題的論壇、課程、活動、專書、專文等莫衷一是。無論是權威教學研究單位或是知名出版及專業團隊，均提出對於此一概念的不同觀點。

像是從日本企業家，被譽為經營之聖的稻盛和夫，所舉辦的「盛和塾」在 2016 年所舉辦的第 24 屆世界大會演講的主題：企業如何選擇接班人？或是在國內由國立政治大學商學院與哈佛商業評論所舉辦的論壇活動、亦或者是《天下》、《遠見》、《商業周刊》、《時報文化》等各類型出版集團所邀請或其編輯群之選材，均提供「交棒」及「接班」在各觀點、多面向的剖析及見解。

然而，大型企業的「交棒」、「接班」，主係從上而下的「交棒」評估，談的是第一代、創業者、過往的淚水與

堅毅的決心；反觀從「接班」的考量，談的是第二代、繼承者、歷史包袱的箝制與僵化，以及改變契機的掌握與突破。此一分享的基礎，無論係從學術理論層面的組織行為學、到個人的心理學，都能略為窺之一二；甚或至實務戰術層面就組織文化、人員管理……甚或領導統御的部分，講的多以管理面出發；如果談管理太抽象，那麼我們就用財會（財務與會計）的角度，協助各位重新審視及釐清財務面的「交棒」與「接班」吧！

▶ 「交棒」？想要交那一個部分的先？

台灣有句俗諺：「生意囝歹生」，意思是說，會做生意或有生意頭腦的子女，不容易遇到的！而第一代做生意很成功，想要生出一個能夠接事業、會做生意的小孩，就更困難了！

我們也都知道，事業經營、做生意需要具備的特質，無論從人際關係上的長袖善舞到對商業契機的洞見觀瞻，甚或是行事決斷的策略果敢，到團隊建立的知人善任，每一門都是學問，也都博大精深。要從任一個面向去培養，無一不需要三到五年以上的實戰經驗，才能培養出一個讓第一代企業

家所認同的應有特質，然而此一現實面的背後，可能在第一代「交棒」的觀點中，只是勉強合格；而在第二代「接班」的感受上「是你講得不清不楚，我聽得模模糊糊」，而是非對錯卻又掌握在結果論的情況下，到底是做得好，還是做得不好，其實難有論斷，也難以辨證。

從「管理」的角度來看，因為「模糊」而有了「空間」，無論是給第一代的出題者在「交棒」上對題意不清的重新解釋，帶來了便利，還是給第二代的答題者在「接班」上對無法正確認知題意的歪打正著，或是屢試屢敗的信心崩潰。

然而，這時有一個非常重要，無可避免及無法被取代的工具，一直靜靜地躺在企業裡面，也一直都以默默守護的方式，照看著整間公司，那就是「**財務報表**」。

財務報表的基礎，使用的是「會計」的基礎觀念。會計，是商學之母；會計，是商業的語言。透過「會計」能編列出財務報表，而所有的商業活動，無論係由內部產生或是外部發動；無論係何種類型的交易，又或是係何部門的前期努力或後期維繫，最終都會透過會計的處理，反應真實的結果，在財務報表之中。

商業技術的進步，對於相關交易事項在經過辨認之後，於會計在衡量交易事項的貨幣化（數量化）上有著顯著的

進步及助益。舉凡前面所列舉之各項事業發展所需之作為或是所累積下來的優勢及資源，都可以透過商業技術進步的優勢，轉化為置於財務報表中之相關財務數據。

舉例來說，商業活動所需要的人際關係，無一不是往上游連結到供應商、往下游連結到客戶，又或者是與同業間之競合關係，在商業技術進步的現實情況下，已經由相關國內外的專業機構，發布關於對「無形資產」評價的衡量指引及依據，而依此一指引及依據所為之專業評估及其意見，在符合特定的條件之下，是有助於將此一隱性、虛擬的企業資源，轉化為貨幣化之結果，如供應商資格、顧客名單等無形資產。

而財務報表中所揭露的各項資源及其負擔，當屬企業所列之重要資產及負債，對於掌握企業之經營，定能作為掌控全局之重要依據並生提綱挈領之效。為何企業在「交棒」及「接班」時比較少由此一面向切入呢?! 是因為「會計」艱澀難懂!？是因為「財務報表」不明究理?! 還是因為「沒有辦法反映企業經營的真實報表」?!

「會計」定然是艱澀難懂的，不然也不會擁有「商學之母」這麼崇高的地位，也不會是所有商管領域的學生，在大一新鮮人的時候，最重要的必修課之一。但是**會計的艱澀**

難懂對「接班」的第二代夥伴來說，不是其必然要理解的項目及內容，重點在要透過「會計」所編出來的財務報表，從中理解其真實的意涵，才是王道。換個例子來說，程式語言（如 Python、Ruby、C）」定然是艱澀難懂的，但是程式語言的艱澀難懂對「電腦軟體」（如 Office、Adobe）的使用者來說，不是其必然要理解的項目及內容，重點在要透過「程式語言」所編撰（編程）出來的電腦軟體，從中運用並達到其目的及效益，才是正軌。

「財務報表」是總結彙總了整個企業的所有及全面的交易內容及細節，由商業的共同語言——會計，來給予轉化及編製後，形成「財務報表」。財務報表依商業會計法之規範，包含了四大財務報表及其應有之附註，是以在資產負債表、綜合損益表、現金流量表及權益變動表及其各自所屬之附註中，有不明就理的情況，也實屬正常，重點在對「接班」的第二代夥伴來說，能有相關具有權限及了解其發生始末的同仁協助說明及釐清，即可消弭對此一問題的困擾！

而在台灣的中小企業，最為人所挑戰，也最**無法從「財務」或是「財務報表」的角度讓第二代夥伴來接班的理由，似乎「沒有辦法反映企業經營的真實報表」變成了罪魁禍首的首要因素**。怎麼說呢？這個故事，可能要從稅務申報的角

度說起。

▶ 沒有辦法反映企業經營的真實報表

　　台灣的中小企業，如同前面提到，自 1959 年至 1990 年之間，以出口為導向的經濟體，孕育出許多國際貿易實力堅強的企業，特別是當時盛行「一卡皮箱走遍天下」的實績不在少數。從 1969 年經濟部國貿局初始設立迄今，包含進出口商業同業公會所培育的人才與中小企業來說，由個體戶發跡者不在少數，而國際貿易的興盛，也撐起經濟起飛年代時對台灣民間經濟的評論「台灣錢，淹腳目」。

　　因此，面對當時快速的經濟成長，多數中小企業的企業主被驅駛擴張營運，產生了兩極化發展的契機。一種是為引入投資人擴大規模或是為了要向銀行資金週轉，進而持續將財務與會計作業層級升級及優化的中小企業；另一種則為經營獲利頗豐，相關營利足以支應自身及擴大所需，較無須引入投資人或少與為融資與銀行往來的中小企業。

　　前者在企業規模提升及優化之後，為向投資人交待經營成果及財務狀況，以及向銀行遞交融資及授信評估文件後，基本上就算略為提升與財會稅法有關之經營成本及費用，在

符合投資人（包含股東會及其監理機關）之要求前提下，該中小企業會逐漸走向正常且法治之經營層面。但後者則在未有外部人監理或是規範的情況下，其財會稅法的相關制度及應有機制之發揮，恐在實務既有習慣及其片面的考量下，在「財務」、「會計」、「稅務」與「法律」等四大面向的平衡之中，擇定最有利於當下中小企業的發展階段及其需求，可能就會朝向「稅務」的面向去進行安排。

而台灣的稅務申報體系及其制度，又有著一個搭配台灣經濟早期發展階段以中小企業為主的規劃，為了節省稽徵成本，同時達成簡政便民的所得稅申報制度──書面審查（簡稱書審）。此一制度的存在，部分地影響了在此段時間快速發展的中小企業及企業主，他們選擇以書審的方式辦理每年度例行性的營利事業所得稅申報，但在該制度下的簡政便民，似乎為中小企業主提供了一個較為有利的申報選擇，藉以在合於申報方式的選擇規範下，達到節稅之目的。再加上沒有前者有需要對外部人的交待，致使其財務報表的質量產生較大的偏頗。

我們都知道，財務報表是用來提供給管理當局進行決策的評估及溝通股東及對外使用的，而不是僅僅提供作為繳納稅捐，核算稅負之用。所以在正常的情況下，是先有「財務

報表」，再依所得稅法及其查核准則的相關規範及要求，進而調整出「稅務報表」，並據以核算稅負進行繳納稅捐，即所謂的「**先財後稅**」的概念。

　　但在部分中小企業主對於此情境之理解有所出入，因為報表並非用來決策，而僅用以提供予國稅局核算稅負時使用，對於報表的狹隘認知，不但錯誤理解了報表的用途，更進而忽略了報表所能帶來的大局觀，甚或未能妥善利用報表對於過去、現在及未來的規劃及安排，達成事前、事中及事後的追蹤及檢視等效果，錯誤地採「**以稅領財**」的方式，反饋予財會專業人士，如此反而未能將財會專業人士的能力盡情地發揮出來，甚是可惜。

　　許多中小企業主，在歷經企業各階段的挑戰後，多半會開始轉向尋求專業的協助，以及重新審慎地思考過往經營思慮不周或是有待改善之處，這時，無論是透過中小企業主的自發性學習，參與例如 EMBA（高階管理碩士班）或是管理思維的訓練營，又或者開始廣發英雄帖，邀請各方能人異士對其企業提出改善方針或是顧問建議等。此舉雖多半能讓中小企業享受到勵精圖治時，在初始階段所帶來的良性循環，但在這邊也需要強調與提醒的是：**一個企業的轉變或是新的文化的形成，並非一朝一夕就能一蹴可及的。**

一個組織既有模式的轉變，如同一個人常年習慣的養成，我們知道，要養成新的習慣，在行為心理學或是實務告訴我們，可能要用 21 天才能有所小成。對於一個組織在形成新的管理文化或是嘗試踏入新的業務領域，受限於其使用的頻率或是依賴的強度，則可能至少需要 12 到 18 個月，比較能有所改善。

舉例來說，人在建立新的習慣的時候，是「每天」都要就此一信念、執行方式、理念反覆強化後逐步建立而成。但企業經營上，「每天」看報表似乎不切實際；然而過往「每個月」，甚至「每半年」、「每年」才因為申報所得稅的關係，而有了對報表既陌生卻又恐懼的心期預期。特別是很多中小企業主對於財會專業人士的電話，是避之唯恐不及，因為擔心有關的電話打來的時候，討論的都是「唉，又要繳（補）稅了！」

試想：一年看一次報表，如何排解對報表的恐懼？如何建立起經營決策的數據依據及基礎？如何重新產生對報表的認識？甚或依賴這張報表數據所帶來的決策價值？

因此，我們在嘗試對中小企業建立一個新的思維模式，或是滿足中小企業主對於自己企業的轉變時，通常會以「每週」或「每雙週」的方式，改善現有的頻率及強化，而預期

產生影響的期間，則可能會在 3 個月至 6 個月，開始產生形而上的微量變化，以至於在雖然還沒有看到成果之前的「堅持」，以及「相信」專業財會顧問所謂事前的評估及考量企業體質後，客製化提出的解決方案，在第 12 到 18 個月之間，採固本培元的方式，針對企業核心上打造質與量兼具的經營生態，才能順利地開花結果。

然而中小企業主在尋求外部專家意見的時候，通常並非未雨綢繆，也並非深謀遠慮，泰半是臨陣磨槍或兵臨城下的情況，所以對於財會專業人士，通常也會希望能有如神丹妙藥的特效或是速成的解決方案等。在此，要特別跟**中小企業主分享，企業的「交棒」與「接班」，何等重要，也無法假手他人，怎麼會有如此捷徑呢？**如果有的話，也不會讓先聖先賢的傑出企業家及專業人士，頭痛苦惱了這些時日，進而改採各類型的論壇及與談方式，希冀能為各位中小企業主理清思緒。

▶報表需要結合管理及會計

前面提到，關於「報表」的概念及範圍，可以說從「業務報表」（或是「管理報表」）到「財務報表」（或是「稅務

報表」）等，無論是規劃面的，講的是對「未來」的策略安排及預測；又或者是溯及既往「過去」的經營成果與核算稅額。此前後兩大「報表」的角色及地位，可謂唇齒相依。

一如前面所提到關於「接班」的重點：接後者不接前者，如何掌握企業策略布局，鞏固企業經營的核心競爭優勢及能力？接前者不接後者，如何未雨綢繆、調度資源、論功行賞，除了守成之外，難以青出於藍而更勝於藍。兩者間唇亡齒寒、福禍相依的關係，始終是現在的中小企業對於在「業務」及「財稅」之間所存有不能抹煞，但卻又無奈的痛點。

而「接班」，不會是只有對前者的掌握，抓大放小，可以從前者著手；更不會僅僅從後者來切入，事無鉅細，由後者著手，更可以順藤摸瓜，定位出最為關鍵的重點！

在沒有掌握財會稅法等後勤支援面向的接班，可以說是僅僅只有在外觀的形式上初具雛形，很多事情的發展，很多決策的平衡，很多現實的妥協，都是掌握在此等對財會稅法領域主事者的瞻前顧後與深謀遠慮之間，在經過其綜合評估之後，謹小慎微、如履薄冰地步步為營；反觀，若未能就財會稅法之各要項進行評估及衡量，反而會引發不可收拾的災難及困境。

然而，在現實情況中的中小企業，更有甚者，對財會稅法領域的資源投入比例，相較於前者有關業務的資源投放，又或是關於研發的資源挹注占比，顯得有些失衡，或是可以說是完全的配比失重，僅仰賴外部專業人士在特定時間或是特定議題的專業意見。對此，雖可以說是在傳統經營層面下，一個簡化資源投入及控制成本的慣用作法，但是在接班的過程及考量下，卻也因此而難以推展，且容易裹足不前。

　　主要的原因，從整體面來說，其實要能有一個全能或是通才型的二代能接班，已實屬不易。更難的地方在於二代在未能有完整荷槍實彈的訓練下，亦未有經過現實的磨練及洗禮，願以走馬上任的膽識及氣魄，除非其個性單純，樂觀進取，並且在現有的職務上尚有前朝重臣在各職務上的協助，否則難保不在接任的過渡期中，因為求好心切造成承擔過多壓力，進而產生其他負面影響。

　　台灣早年因為國民義務教育的普及，以及技職體系教育的過渡與整體教育政策的修正，對於現有二代接班的繼任者來說，無論是從國外學成歸國，或在國內進行相應的訓練，實習經驗的類型，以及當責訓練的欠缺，似乎未能為「接班」提前佈局及安排。

　　相對的，在高教資源及學歷基礎愈趨均質化，甚至愈念

愈高的文憑下，對於產業特殊性的認識、對於自身策略優勢的辨認、對於未來職涯及專長的策略規劃，以致於對人生的風險意識，愈往人生的道路上走，愈發現路愈走愈窄；雖然能力可能愈來愈高，但膽識卻愈來愈小。是以在「接班」這條路上，反而離目標愈來愈遠。

反觀在「接班」這條路上，如何藉由「報表」在對的時機找到對的切入點，可能不失為一個良好且具高質量的銜接模式，怎麼說呢？

一、「報表」先求有，再求好

無論是業務需求使用的管理報表，亦或是因為投資人股東或是銀行需要的財務報表，甚或是僅僅只有符合報稅規範需求的稅務報表，雖然各項報表有其功能及其目標性，但長遠來說，一定要朝向一個完整且清楚，甚至可以結合業務的管理及財稅務的要求的報表，管理是因，會計是果，合在一起，就是因果關係的掌握，就是因果關係的評估，也是能掌握到良好的管理核心，才能知悉其中的秘訣與接班的關鍵。

二、沒有「報表」，剩下的是什麼?!

「接班」要的目的，就是站在前人的肩膀上，帶著既有

的規劃及安排，在未來瞬息萬變的局勢之中，以了解自己的優勢與劣勢為出發點，搭配著市場所面臨的機會與威脅，以策略思維的創新及佈局，延續著企業的核心競爭力及命脈！

然而，沒有「報表」的「接班」，意謂著所有的決策，憑藉的不是科學，更不是能力，最有可能的——「血緣」，雖然有可能可以快速地決定接任者，但卻也因此難以引入專業性的基礎協助，也更難贏得團隊對新一任領導者的支持與信心，同時也對於投資人及銀行等財務領域的衡量及評估，帶來新一波的挑戰及壓力，如此，將可能造成企業經營的斷層或置於險地。

三、掌握經營命脈，進攻退守，先發制人

「接班」在二代的思維角度之中，消極的立場，不外乎是「反正百年以後都是我的」又或者「那麼多錢，老子輸得起」、「第一代是不是在測試我的能力」等比較負面的立場；但如果是較為積極的立場，則可能是「我該如何順利地讓我的影響力在企業內展開」、又或者是「我不能辜負第一代對我的栽培」、「我名校畢業的，怎麼可能做不到」等比較正向的立場。

然而，速效的方法不是沒有，只是該如何在短時間內達

到「立威」又或者「證明自己能力」的結果呢？此時，最容易關注及取得，並從而找到切入點的，就是靜態、中立且完整呈現組織各面向資訊的財務報表。**藉由財務報表的各類型資訊，找到希望切入及著墨的重點，按圖索驥，將企業的營運活動逐步地抽絲剝繭，以回溯的方式，逆向工程，拆解關鍵作業，找到核心議題，對症下藥，**如此，便可以在較短的時間內，立下階段性的戰功，對於戰功的累積，也是在逐步累積第一代的支持與信任，以及眾多管理階層對於第二代「接班」的期待與能力的信服。

四、企業的血液，現金流量的品質

人是否健康，需要有健康檢查報告；**企業是否永健，需要有經得起挑戰的財務報告。**「接班」在初始之際，不一定會有人告訴第二代，公司是否在危及存亡之秋，又或者是在豐碩盈滿之時。

從財務報告中的現金流量表，以及企業特定期間的現金流量預估資訊，可以找到關於企業現有的金牛（cash cow）[1]，或是未來的明日之星（star）[2]，透過企業內現金流量的調整及規劃，在短缺時就資金挹注及緊急調撥解落水狗（dog）或問題事業（question mark）的燃眉之急；在充

裕時就資金報酬及策略側重助明日之星（star）一臂之力。

　　而財務報表一定程度反映了各部門或事業單位的運營情況，該如何篩選產品、服務，甚或是選擇事業單位及其管理基礎，有合於規定的健康檢查報告，足以提供作為後續強化追蹤的依據及衡量改善的程度，企業也是如此。而在金牛（cash cow）資源的運用，如果能平衡各單位間的資源運用，甚或另起新興單位就指標性的策略議題或是產品及服務，以第二代對於創新策略或是技術的應用，搭配並滿足對既有客戶的需求及效益，如若能兼顧「立威」或「取信」於企業內之目的，則可謂一舉多得。

五、內舉不避親，吃好逗相報

　　「接班」不是只有一個人的事情，傳統中小企業在「接班」的議題外，不外乎找「自己人」，這個「自己人」無論是有血緣關係真正的「自己人」，又或者是共同歷經大風大浪、共戰夥伴的「自己人」。怕的是沒有辦法延續企業的產品及服務，怕的是「自己人」沒有辦法撐起這艘在風雨中飄搖不定，漫無目的地的船隻。

　　我們知道，企業的傳承與延續，需要透過的是選賢與能，不光是「賢能之士」或「德才兼備」的精神領袖，尚具

備掌握商機、審時度勢者的領導力，才能讓我們走得又高又遠。但通常沒有把背後這樣子的條件講明白，那就是財務的報酬與對價，其實是個非常重要的議題。中小企業通常不會有條件吸引到一流的人才及具有高度成長意願的「自己人」，這也是許多二代在「接班」時顧慮到的同儕觀感及自我實現的認知差距。

然而，一昧地以企業的使命及願景去說服具有能力的「自己人」，通常在年紀尚輕且莫忘初心的始點，能以此使命感大步向前，但真正能走到最後的，實在有限。

反觀在此財務報酬與對價的基礎下，畢竟古人有云：「重賞之下，必有勇夫」，如何透過健全及合適的成長契機，引入資本市場的遊戲規則，打破既有股權結構的框架及限制，以此吸引「賢能之士」，並在良好的市場監理機制下，再逐步以市場汰除機制，提升中小企業的人員素質及經營體質，並藉此時期分批完成各項整合作業，由第一代的支持與鼓勵，朝嶄新的經營團隊靠攏及改變，以期順利地完成「交棒」與「接班」。

1. 此部分引用 BCG 矩陣之區分概念，以企業經營時各類型事業單位為據，供初步理解及思考。金牛（Cash Cows），此類業務通常為公司帶來比維持業務所需還要多的現金收入，屬已成熟市場之業務。狗（Dogs），此類業務從會計角度來看，未能為公司帶來較為可觀，但能提供具一定穩定性的較低收入。問題事業（Question Marks），此類業務多面對高成長的市場，恐需大量的現金再投資，雖具有成長潛力，但未來性仍有待驗證。

2. 明日之星（Stars）此類業務被期望成為公司未來的龍頭業務，基本上需要以金牛的資源挹注以維持市場領導者地位或搶占未來性之優勢基礎。

11. 頂尖的人招不來用不起，企業主怎麼辦？

文 / 成昀達

財稅新布局問題面面觀

Q1：財會人員對企業發展重要嗎？

Q2：透過外部團隊會對公司發展有幫助嗎？

　　台灣的中小企業主哪一個人不等於公司？但稅法裡面明文規定，老闆不可以把個人的消費變成公司的消費，這是大家都知道的事。

　　就像晚上被客戶吵醒，然後因為心情不好從床上爬起來處理，請問這個叫加班嗎？你因為處理公事起床是事實，那如何讓這件事可以在報表上讓國稅局做認列？不要認為這個舉例很好笑，用最單純的角度看，如果業主有一萬塊的費用

被剔除，就代表公司要多繳 2000 元的所得稅。

　　這很現實，你被客戶吵醒而加班這件事如果沒辦法認列，那今天晚上就白做工了，更何況如果你為這件事還付錢的話（例如出去應酬），假設要付出一萬元。這一萬元能夠認定費用，我可以少繳 2000 元的營所稅，個人綜所稅再算進去，可能從中到尾可能少繳 4400 元。可是如果國稅局不認列，或者是我的財會人員告訴我不行，那就多繳四千多元。

　　所以**有好的財會人才，能用管理會計的方式協助企業主，對企業的營運與發展，是至關重要的事。**

▶角色定位與扮演，往往決定成敗

　　許多企業也認為，資源不夠以至於沒有辦法招募到一流的高手來為自己服務，是帳務稅務沒有順利進行管理的原因，很多時候，這是一大誤區。因為，走在能力之前，更重要的是，財會人員對自己的角色定位問題。

　　舉個例子，今天你進入企業負責財務工作，有問過自己，扮的是黑臉還是白臉嗎？你清楚企業內部對白臉的定義嗎？黑臉的定義呢？以及白臉該做的事情還有黑臉會做什麼

事情？哪些東西是你打算進行處理與改革的，這些統統都要摸得一清二楚。

特別是如果企業想找外部的財會人員來幫忙，那這位外部人員對企業自身的帳房跟老闆之間有無充分的信任跟了解，就很必要了，有信任基礎才能觸碰真實的財務資訊，如果是信任基礎不夠，講不上話，或者是不夠權威，很多實際的案例告訴我們，企業主根本最後才懶得聽財會人員的意見（不管內部外部），要知道這個世界上最難的兩件事，就是叫人掏錢給你，或是幫別人換腦袋，而要幫別人換腦袋之前，你要先了解對方的腦袋在想什麼？這樣才能設定出成功的角色定位，事半功倍。

企業主想找到適用的財務夥伴，第一個關鍵永遠是找有信任基礎的人。有的業主告訴合作的會計事務所案子很急，當別的事務所要三週才能處理，而你三天就能處理，那麼信任關係就開始建立了，為什麼？因為你解決了業主的問題，他就覺得你救了他。

曾經有個案例是，當事人很有錢，他要離開台灣境內要出國。可是晚上 11 點到機場之後，發現被海關扣押，要求說你要出具什麼，要完稅什麼什麼之類的。那時候就會有一通電話打給某些特定的會計師，會計師可能就帶錢去放人，

看缺多少錢完稅了事，那種信任關係是已經昇華到「你只能找我」的層次。

第二個關鍵，企業主自己要思考的是內部的環境能不能夠容許一個外人來指指點點：例如你的作業流程、文化習慣，或者是財務部門哪個人能不能碰？講白一點就是跟老闆娘、老臣、帳房的攻防。

例如今天如果有一個正在成長階段的企業，你要他將財務問題外包，或者說你讓他把帳務稅務切出來處理；第一件事，很多案例顯示前一手未必願意放手，再者，其他的財務人員也不一定會願意配合。

所以今天企業想要找到適用、能真正解決問題的財務人才，最重要的就是要去改變思維，也就是我們說的「換腦袋」，而且改變老闆的腦袋還不夠，我們還要改變手腳，也就是員工、所有配合人員的腦袋。

如果今天舊的財務長只是一聲令下，底下全部人都聽的話，那改變這個腦袋可能就夠。可是如果這個財務長是非常不事必躬親、管理涉入程度超低，例如就是每天去打高爾夫球、只是負責籌資募款的那種，那只改變這位財務長的腦袋也沒有用，因為他下面的人還是按照原來舊的那套邏輯在做，所以你必須要搭配的是，這樣的腦袋被改變之後，他的

手腳願意配合。

▶ 財務長的性格，可以是助力，也可以是阻力

有的公司的財會體系是財務、會計、出納都切開。那你改了某一段，可是出納就是沒錢，讓你沒辦法用這個角度去做的時候，其實也很困難。

舉個例子，先前有上市櫃的公司換財務長，換完之後，曾詢問合作的會計師事務所，希望能由外部推薦一個人去該企業當財務長，問題就出在，這樣的外部人士在你的企業並沒有自己的團隊（他可能只是一位很厲害的專業人士），甚至在企業裡本來就沒有團隊，所以從外面找了一個新的財務長做不動，如果內部全職的人做財務長都做不動了，又怎麼能期待一位外部的人？一定是企業內部的流程卡住，那個流程可能是大帳房或者可能是誰還在前面的人管控底下。

那外部財務長管得再多，跟銀行關係再好都不重要，因為錢其實還在最上面的人手上。那個最上面的人。可能年紀不夠資深，但準備要退休，或是年紀夠資深，沒有想要退的念頭 ...... 他如果不會從上面下來，那企業財務結構永遠就不會改變。

台積電的財務長何麗梅，為什麼十幾二十年都不會換人？就因為她跟老闆一起打仗過，彼此間有一定程度的信任，而且她是專業經理人導向，所以在她的環節底下當中，沒有人去取代她。

以霹靂布袋戲聞名的霹靂國際多媒體公司，他們的財務長就是他的會計師，本身就很業務導向，所以他非常鼓勵霹靂布袋戲去日本搞募資上市。所以把自己家霹靂布袋戲那些產品放到日本，去做霹靂布袋戲的 IP（智慧財產權）授權推廣，結果收到很好的效果。

為什麼？以前都是迪士尼旗下的卡通人物 IP 的角色，或者是哈利波特角色進入台灣，那有沒有 IP 可以外銷出去？如果有，那會是什麼？就是霹靂布袋戲，角色更多，都有個性，都有台灣傳統文化藝術的傳承。

所以當公司有向外發展潛力的時候，財務長其實是願意先去走這條路的。假設是我去霹靂布袋戲任職，因為我就是保守型的人，可能就不會帶著公司走這條路。所以我們可以說**財務長的性格是助力或阻力，是左右公司很重要的一個關鍵**。公司財務長到底跟老闆合不合，不用贅言，只要看看是否老闆點個頭就知道該怎麼做。

如果不合的，大家每天都要拉扯，所以財務長就像財務

跟法務或者財務跟人資，他們的工作角色像是火車的軌道；如果今天火車軌道是平行的，而且摩擦力很低，跟磁浮列車一樣，公司運轉的速度可能就非常快。可是，一旦財務跟法務或財務跟人資，只要工作上不對盤，只要卡卡，這輛火車運行的速度想快都快不不了，況且他們還不是加速的關鍵，只是減低摩擦力而已。

所以如果財務主管很活潑，找錢的能力很強，但內部流程都不管，這時候如果公司內部流程要翻修，找這類型的財務長也沒用，因為他的腦袋早就已經改了，不見得有辦法能夠發號施令。從實務的角度，當企業主在抱怨找不到好用的財會人員時，第一個要釐清的是，你需要的角色是什麼？是要找一人之下萬人之上的財務長，還是不需要帶人的財務長？是要能夠對外的財務長？還是對內的財務長？

當這些角色關係都釐清之後，比較聰明的方法就是找到能為自己、為公司換腦袋的夥伴，透過他們專業、細膩、靈活，重新建立各種誠信基礎。**企業永遠需要能夠陪著自己寫歷史的團隊，而這樣的團隊，往往不一定非得自己招募，而是透過提倡新腦袋新作法的外部團隊，也是不錯的選擇。**

12. 中小企業貼心的守護者
── 代辦主辦會計顧問

文 / 台灣財富管理交流協會

財稅新布局問題面面觀

Q1：財務報表的數字只是用來應付查稅繳稅嗎？

Q2：公司已有會計人員，為什麼還需要代辦主辦會計顧問呢？

　　長期觀察許多台灣傳統家族企業的經營管理實況，很多罹患所謂的「財會稅能力不足症候群」，這導致一個普遍的現象，就是在台灣很容易看到賺大錢、獲得成功的「第一代」老闆，但是很少看到能永續經營的企業家。其中最大的分別就是，一位永續經營的企業家，絕對非常善於應用財會稅的工具和技能。

台灣大學會計學系系主任劉順仁教授也提過，**企業運作就是營運、投資、融資這這三隻腳，想要在這三個立足點上擁有高附加價值的管理作為，企業主就不得不思考如何建構正確的財報，並活用財報管理與分析，打造企業的競爭力密碼。**

▶ 建構企業的「戰情儀表板」

　　如果你自詡自己的企業是一架高性能飛機，那麼財務報表就像是飛機的「儀表板」。

　　經常有人戲稱以前的中小企業主經營企業就像在騎鐵馬，因為他們總是習慣採用目視管理、手控管理。不過，當企業慢慢成長，員工從二、三個人成長到三、五十個人，甚至二、三百位員工，狀況就會有所轉變。許多現場作業、金流狀況是眼看不到手摸不著，甚至有北中南分公司、海外據點，那要怎麼管理？

　　過去中小企業是眼前看得到的抓過來處理，但現在不一樣，所以財務報表就成為戰情的儀表板，而且重點是要即時！現在我們看到許多企業接到的財務報表是落後很久的資訊，既不即時也不正確，這樣的儀表板，看似機油或是汽油

即將耗盡，但企業主還一無所知，而且現代企業無論發展與速度真的就如同在天上飛，已經不是像過去在馬路上，想停的時候還可以靠邊停一停。

此外，老闆們在看財務報表也不是只看利潤多寡，還要重視財報的品質。會計並不是生硬的數字，財務報表可以看出很多故事，看得懂的，就曉得裡面的美感。我們常常建議企業二代學會看懂財務報表，培養經理人養成閱讀經典企業年報的習慣。**如果能夠學會從會計、財報數字當中靈活運用公司資產、了解獲利的關鍵數字，那麼財務報表就會成為培養未來企業領導人的輔助工具，**而不是一般人眼中，只是為了投資股票而研究。

懂得運用財報運籌帷幄的老闆透過報表看見問題，也心知肚明財務報表經常是落後指標，當然不會誤以為所呈現的數字就等同解決問題，恰恰相反，應該是從財報看見過去策略有何失誤，以及未來將做出什麼樣的決策較適合。「從現在看到過去，進一步思考未來」，**財務報表是決策制定（decision making）的依據工具**，而不是財務報表看完，在那邊掉眼淚，或是開心高興。就財報上的數字作量化管理，去思考現在做什麼對未來會有影響？所以，**財報經常是一個問題的起點，而不是結束。**

經營管理資訊（包含財務報表）的功能是：檢討過去、策勵將來、決策現在。財報要表現的是正確的事實，即盈餘的成長，而不是股價，所以應該要盡力避免衡量誤差、人為操縱或是用「詭道」，也就是俗稱的作帳來做假。一份粗鄙的財務報表終究無法取得投資人的信任，且往往是股東紛爭的肇因，所以**老闆們想要企業可長可久永續經營，還是應該走正道，也就是透過經營的真相說服投資者，降低衡量誤差，依據會計準則，讓企業健康的發展。**

▶財報是問題的起點，不是問題的答案

　　如果能夠善用會計數字，那財報絕對是企業經營的絕學利器。許多人都曉得台灣中小企業能夠營運十年的存活率不到一成，尤其從微型到小型，從中小型到中型，從中型再到大企業，會計等於是這一場鯉魚躍龍門的必修課。

　　很多老闆會反應，反正對財會稅毫無興趣或者完全不懂，那我們試問，這樣的企業要怎麼去魚躍龍門？根本躍不過去（別忘了剛剛提到十年存活率僅一成的事）。所以我們看很多企業發生的事，真的像劉順仁教授談的《財報就像一本故事書》與《財報就像一本兵法書》所談的，懂得詳細比

較財務報表，就不難發現某些公司能夠在諸多同樣類型、同規模的公司中勝出的奧秘在哪？

　　但現實所遇到的是，更多的中小企業老闆是不懂也不擅長、更不重視會計管理工具，而且都是老闆說了算。反正老闆都搞不懂了，所以管理階層也就不重視，這會造成企業非常大的麻煩，更麻煩的是，沒有人想補修這門基本課！

　　我們觀察到中小企業的現狀是，會計專業人員的專業素養經常表現不及格。曾經有人形容得很傳神，描述企業內部的會計人員一天到晚在看公司其他部門的預算，讓自己躲在陰暗的帳房，就這樣過了一生。這裡是在描繪，會計人員因為工作繁重，所以並不會在工作之餘替自己安排額外的進修課程，但是適時進修對現代工作者而言卻是非常必要的。

　　我們看到醫生即使平日看診再辛苦，也會要求自己週末盡可能去參加一些專業的研討會。會計師也是，每年新的財經法規的變革，都要他們補修學分，許多企業的獨立董事也是一樣，金管單位也規定每年要新增一定的專業學分。

　　但是在中小企業裡，鮮少有會計人員會有固定的進修計畫。在進修不足的現實工作環境中，加上企業老闆本來就不重視了，會計工作者怎敢提出應該進行什麼樣的課程，做哪些專業的進修提升？所以許多小公司的會計會原地踏步三十

年，更慘的是，很多人是原地「踏錯步」三十年！但歸根究柢，這會是誰的損失呢？當然是企業主！

在這樣的企業氛圍中，老闆在面臨專業會計人員時，很容易辜負他們的貢獻，也就不足為奇。普遍所見，老闆們對那些被聘僱為記外帳的專業工作者，用一點點錢打發，無論內部外部，會計從業者經常跟老闆沒話好講，執行業務與老闆從頭到尾互相不認識也就不足為奇。

經年累月，會計人員就是看著數字，對財務報表與會計管理這份工作完全沒感覺，對老闆所做的努力也不會有感動，這是很可惜的地方，他們不知道，人跟人的互動原來是會產生感動的。但也正是這樣的財會稅企業經營絕學利器，諸如營運管理資料、會計資訊、ERP（企業資源規劃）系統、AI（人工智能）系統……等等建立得不完備，企業經營的財務數據更加不足。

我們也看到現在大家都在談斜槓，所以很多的一人公司、微型公司在初期的時候因為沒有資金，也統統選擇目視管理、手控管理，但是當資源稍微充裕，公司組織慢慢建立後，卻忘了改善草創時期便宜行事的習慣，使得會計管理系統分析能力不足，甚至到後來，經營企業像是抱著僥倖心理、投機賭博的心態，缺少專業投資評估，我們認為這並不

是老闆們的初衷，只是繁重的企業經營壓力，讓他們選擇了失憶。

▶ 補足台灣本土傳統家族企業欠缺的基本功

我們真實想要**協助台灣中小企業建立的，是專業的主辦會計管理制度**，主辦會計不能像一般公司裡的會計一樣便宜行事，抓不住老闆，老闆說往東就往東往西就往西，而是**扮演一位真正的顧問，以會計管理的高度盯著這家企業，化被動為主動協助帳務管理。**

如果企業內部沒有這樣的人才，透過外部顧問協助是很好的做法。想想看，代辦的主辦會計不占你的辦公室位置，不用你的辦公桌，老闆不用請一個人來氣個半死，還弄得既沒辦法溝通又搞不定他，然後記對記錯還沒時間檢核，很難掌握，但前提是這位外部顧問也要夠專業！

專業的主辦會計不會用傳統記外帳的做法，就是憑證進去資金也不跑，流程也不對。如果沒有改變傳統作法，那會計對客戶而言毫無價值。所以，專業的作法是「ABAS」（assurance base advisory service），指的是以財報的審計與確認為基礎的諮詢式服務。一切都是以審計為基礎。也

就是財簽、稅簽，要帳目能入帳，要指揮企業的財務，用那些資料來反推運營策略，也就是原本企業主辦會計的任務。

可是常見的實際狀況是怎麼樣呢？可以想像在企業裡大家都三推四推，甚至到四、五月才看到去年一整年的真實狀況。例如在 5 月 31 日才看到去年的一筆糊塗帳，像有些報表不知所云，有的因為老闆不懂 e 化，都用手工打，總經理還在用手寫，資訊因此很難連結與勾稽的，只要其中一項寫錯了，後面就對應不上來。這是很辛苦的一件事。

▶你信任我，我可以搞定

如果老闆不想犯跟去年一樣的錯誤，於是專業顧問就將陪著老闆從每年 1 月 1 日走到 12 月 31 日，只要你信任我，我可以搞定。

業務、帳務、財務、稅務，四個關係是連動的，對微小型企業而言，辦公室不夠大，會計也不夠成熟，但是企業主又不想犯跟去年一樣的錯誤，怎麼做？運用專業的代辦主辦會計是一個很好的作法。不想犯跟去年一樣的錯誤，專業顧問就將時光回到從前，陪著老闆走順 365 天。

對微小型企業而言，為什麼願意花二、三萬元借重外部

顧問？因為企業主專心做生意，其他管理面，有關非業務面（銷售）與非技術面（商品）的事情，代辦主辦會計搞定，**主辦會計的顧問真正要做的是每個月的經營管理會議的財務解析，而不是記帳。**

企業如果能夠運用有效的預算，邀請專家，就不用去聘用一個沒辦法溝通，沒辦法控管，欠缺「企業宏觀、管理素養」的會計。企業主應該不是只站在會計的角度在想事情，而是概觀地站在顧問的角度看全局，見樹也見林。老闆只要撥出一定預算，代辦主辦會計可以協助企業「年年發財、稅稅平安」。

13. 更新的時代、更新的腦袋：碳中和時代台灣企業的挑戰與因應

文／楊淑卿

1980 年至 2015 年的三十多年間，全球氣候變遷快速惡化，氣候變遷成為全球最關注，且不得不面對的重要課題，2015 年 12 月 12 日通過的巴黎協定（Paris Agreement），共有 195 個締約國一致接受協議內容，同意減少碳排放量，協議於 2016 年 11 月 4 日正式生效，並於 2021 年正式啟動。

全世界政府都希望透過這項具有法律約束力的氣候變化國際條約，能夠共同遏阻全球暖化趨勢，在 2100 年前把全球平均氣溫相較於工業化前的升幅控制在低於攝氏 2 度之內，並以攝氏 1.5 度為目標，進行減碳。這個協議也直接影響本世紀全世界所有企業的轉型與發展。

據新聞報導指出，慕尼黑再保險發布 2021 年天災的全球財損，總額高達 2,800 億美元，單一天災的災害損失以侵

襲美國的艾達颶風的 650 億美元最高；德國 2021 年七月西部的洪災（萊茵河支流洪水暴發）導致的災損估計約 400 億美元，是德國本世紀以來「最昂貴」的天然災害。上述災損數字怵目驚心，成為敲響世界瀕危的警鐘。因此，國際間為了抑制氣候變遷替人類生存環境所帶來的巨大衝擊，紛紛宣告在地球的耗能減量具體目標，其中**淨零排放**與**碳中和**，以及歐盟提出執行碳邊境調整機制（CBAM）的衝擊，為 2021 年以來，全球最受矚目的關鍵議題。

同時，許多研究資料、媒體統計都顯示，雖然氣候變遷為我們帶來了嚴峻的挑戰，但同樣也帶來許多投資上的新機會，隨著全世界經濟活動跟進淨零排放的腳步，懂得走在最前端的人，往往也最有機會創造最佳的投資報酬。

台灣是以出口為導向的國家，當然不可能自外於這個國際巨大變革，例如蘋果電腦要求 2023 年參與其供應鏈的合作廠商必須達成**淨零排放**，這使台灣供應鏈面臨營運風險。如果不跟上腳步，那我國除了失去全球競爭力，更嚴重的，許多企業可能馬上就失掉訂單，直接衝擊國內經濟。所以對於碳中和這樣的議題，政府、企業界和個人，應提早全面地迎接挑戰以及制定因應辦法。

國際公約演進歷程及重點

聯合國氣候變化綱要公約（UNFCCC）

1992 通過，1994 生效，主要在建立氣候變遷協商與因應框架，每年召開締約方會議（Conference Of the Parties, COP），討論與制訂相關協議，但未規範減碳責任。

京都議定書（Kyoto Protocol）

1997（COP3）通過，2005 生效，以共同但有差異責任為原則，賦予參與的先進國家承擔強制性減碳責任，2008~2012 年平均減量目標為較 1990 年減少 5.2%。

巴黎協定（Paris Agreement）

2015（COP21）通過，2016 生效，全球平均升溫目標 2℃以內，並以限制升溫 1.5℃為預定目標，且規範所有國家每五年提出國家自定貢獻（Nationally Determined Contributions,NDC）。

格拉斯哥氣候協議（Glasgow Climate Pact）

2021（COP26）通過，屬於貿易外交手段，所有國家參與。2021 年 10 月 31 日 -2021 年 11 月 13 日於英國格拉斯哥舉行，會議重要結論檢討加強 2030 年國家自定貢獻目標強度；要求於 COP27 前提交 2050 年長期低碳發展策略，逐步減少燃煤與淘汰化石燃料補貼；2030 年前強化非二氧化碳溫室氣體（如甲烷）減量行動，完成巴黎協定規則書制訂及國際碳市場規則。

淨零排放 Net zero emissions

是指透過植樹造林、碳捕捉與封存等方式減少溫室氣體排放。企業或組織即使有排放，可透過相關技術使溫室氣體淨排放為零。

* * *

碳中和 Carbon Neutral

企業、組織，在特定衡量期間內，「碳排放量」與「碳清除量」相等，即達成碳中和，或稱淨零排放二氧化碳（Net zero CO2 emissions）。

碳中和並不等於「零碳排」（Carbon Free），前者強調的是生產過程中所排放的碳經由其他方式清除、抵銷，而零碳排是如字面敘述，生產、製造過程中並無排放溫室氣體。

▶ 碳中和將衍生出贏家和輸家

　　究竟碳中和會對產業帶來什麼樣的影響與衝擊？而企業又該如何因應？在此之前，先來看看什麼是碳中和。

　　根據維基百科的解釋，碳中和是指國家、企業、產

品、活動或個人在一定時間內直接或間接產生的二氧化碳或溫室氣體排放總量，通過使用低碳能源取代化石燃料、植樹造林、節能減排等形式，以抵消自身產生的二氧化碳或溫室氣體排放量，實現正負抵消，達到相對「零排放」。

可以想見碳中和，將對特定國家、城市及企業將產生重大影響。為了達到巴黎協定於 2100 年將全球平均升溫控制在攝氏 2 度之內的目標，根據英國能源與氣候情報部（Energy & Climate Intelligence Unit）與英國標準協會（BSI）的資料顯示：「截至 2021 年 2 月 15 日止，全球共有 127 個國家提出淨零排放之目標（包含已立法／立法中／提出政策／納入政策議程，其總碳排放量為 26,338 百萬噸，占全球排放量 60% 以上）。」

除了各主要經濟體立下 2030 年積極減碳的目標：美國目標 2030 年減量 50 ～ 55%、歐盟 55%、英國 78%、日本 46 ～ 50%、韓國 2021 年承諾終止為國外燃煤電廠提供資金、中國 2060 年前淨零排放、沙烏地阿拉伯 2030 年前再生能源發電比重達 50% 外，根據英國標準協會的資料顯示，也另有 34 個州（states）、84 個城市（cities）及 127 家企業（companies）提出淨零排放承諾，這表示，淨零排放的因應與轉型，對特定國家／州／城市／企業，也都將產

生深遠的影響，同時極有可能享有「永續發展溢價」。已有不少大型企業，陸續將碳權銷售視為重要獲利來源。

根據英國標準協會網站的研究資料指出，「特斯拉（Tesla）就看見碳權對企業也是資產的契機，2021 年電動汽車大廠特斯拉第一季獲淨利（4.35 億美元）創新高，其中碳權銷售升至 5.18 億美元，高於前一年第 4 季的 4.01 億美元，其碳權交易的獲利，反而高於特斯拉的核心業務。主要是受惠於歐盟針對汽 / 柴油車輛的碳排管制措施，進而促使生產低碳電動車的特斯拉有了碳權買賣的契機。」而微軟創辦人蓋茲的投資新歡更是「氣候科技」，預言該項投資的未來報酬率將會超過目前的科技巨擘們，甚至再誕生 8 個、10 個特斯拉，也不無可能。

自工業革命以降，人類社會的經濟活動不斷對全球生態環境產生影響，工廠的耗能如煤、石油、天然氣等，加上眾多交通工具，都排放出巨量的溫室氣體（如甲烷、一氧化氮、二氧化碳等），加遽溫室效應以及全球暖化，其中又以能長時間存於大氣中的二氧化碳的影響最為嚴重，因此也被視為首要的改善目標。

為了達成這個目標，降低碳排放與清除排放後的廢氣碳必須雙軌並行。前者以會造成大量碳排放的產業為大宗進行

變革，例如我們都很熟悉的燃煤發電廠、以汽油與柴油等等為主要耗能的運輸業，以及一些會產生重度污染的產業。而後者也就是「清除碳」的部分，目前很主流的方式是透過植栽樹木來清除，但這個方式非常耗時也需要大量的土地，所以減少碳排放遂成為現在世界各國進行碳中和的主要選擇。

▶ 國際大品牌公司擘劃減碳，引領價值鏈變化

　　世界各國紛紛透過貿易、金融手段、以及制訂碳排放交易市場等層面著手。在貿易方面，長期領導全球環保議題的歐盟，率先釋出碳邊境調整機制草案 (Carbon Border Adjustment Mechanism, CBAM)，就是徵所謂的「邊境碳稅」，要求進口到歐洲市場的貨物，也要為碳排放負責，例如購買碳排放的配額。金融方面，各國政府與企業紛紛投入資金，將金流導入永續經濟活動，例如訂定「永續分類標準」，做為金融業投資時篩選的參考。在碳排放的交易市場方面，許多國家建立了溫室氣體總量管制（Cap）的目標，創設一個具有可交易的碳排放額 (carbon allowances) 的市場，以減少業者釋放污染到大氣的實際排量。

　　可以想見，未來全球三大主要排碳源頭，也就是能源產

業，例如電力產業占全世界主要碳排來源近四成的比重，而運輸與交通產業，則占了兩到三成，此外就是傳統塑化、水泥、鋼鐵等產業也占了約兩成比重，這些產業都將因碳排淨零的長期大趨勢，掀起翻天覆地的變化。

目前，能源產業目前正在朝向以潔淨能源如太陽能、風力來替代原來的燃煤發電；交通運輸方面，世界各國在交通部門以及企業界的努力下，正全面以電動車取代大部分的燃油車；而傳統塑化、水泥、鋼鐵等重污染產業，則是透過產業升級改變製程，或是課徵碳稅、能源技術稅等措施實現降低碳排放。這三大類相關的產業，產業面貌都正在產生劇烈的翻轉，並衍生出新的贏家。

國際大廠紛紛響應淨零碳排的共識，並以具體行動跟進。像是：微軟將於 2030 年達成負碳排、2050 年清除所有自產碳排放；蘋果電腦將於 2030 年整體業務、供應鏈和產品達到 100% 碳中和，成立碳解決方案基金，投資於全球森林和自然生態恢復與保護；谷歌則是在 2030 年前「全面」採用無碳能源；臉書 Meta 將於 2030 年實現整個「價值鏈」（包括供應商和用戶服務）的淨零碳排放；亞馬遜也承諾 2025 年實現 100% 再生能源，2040 年實現全供應鏈碳中和；嬌生公司將在 2025 年實現 100% 的電力來自再生能源，

2030 年實現碳中和；沃爾瑪將在 2030 年恢復至少 5,000 萬英畝的土地和 100 萬平方英里的海洋，2040 年實現零排放。

另根據 BSI 的資料，如世界石油巨頭之一 殼牌企業（世界第二大石油公司，僅次於美國埃克森石油公司 ），主要經營石油、天然氣、化學製品、煤炭和金屬業務 ，承諾 2050 年達成碳排淨零的目標。為了轉型，未來殼牌會提供更多「較乾淨的」能源，包含太陽能、風力，或氫能，並在整個生產製程中利用碳捕捉，將火力發電廠、工廠等排放源所排放的二氧化碳分離，等等的相關技術，或是購買碳權以達平衡。2050 年，殼牌將從傳統能源公司轉型為綜合性能源公司，石油、天然氣及電力營收占比各達 30%。

可以想見，現在全球主要企業的供應鏈合作廠商，如果不是綠色製造，可能就沒有訂單。根據《遠見雜誌》「氣候科技崛起！「碳中和」如何改變一個產業？」的報導指出：「 2021 年 10 月 2 日蘋果在 COP 26 （氣候大會）即將召開前夕，公布了新增的 60 餘家轉換至再生能源的供應鏈廠商，其中赫然有國巨、TPK-KY 和欣興電子等台廠。這意味著蘋果宣布 2030 年達到碳中和，蘋果是來真的，而且雷厲風行。」

從 2018 年起，蘋果就規範了旗下所有零售店、辦公

據點與資料中心，展開 100% 使用再生能源的行動方案。2020 年喊出碳中和的企業願景後，隔年的新品發表會上，蘋果執行長庫克（Tim Cook）也再次強調，蘋果公司現在全球的事業與服務，都已經實現碳中和，在 2030 年更會落實到產品上，也就是每一個由蘋果售出的產品，都會達到碳中和的目標。

▶ 台灣因應氣候變遷之作為

根據「環境資訊中心」的資料指出，我國現行有關溫室氣體控管的法源依據，為環保署於 2015 年訂定的《溫室氣體減量及管理法》（簡稱《溫管法》），該法宣告我國進入溫室氣體減量的新紀元。溫管法實施後，從 2019 年我國全國溫室氣體排放量 266 百萬噸，占全球排放量 33,622 百萬噸的 0.79%，排名第 22 名。在推動淨零排放已為國際趨勢下，溫管法內容無法因應全球加速減碳的趨勢，屢遭批評落後國際。環保署因此著手修法作業，於 2021 年 10 月 21 日公告《溫室氣體減量及管理法》修正為《氣候變遷因應法》草案，明定溫室氣體長期減量目標從現行的「2050 溫室氣體排放量降為 2005 年的排放量 50% 以下」，修改成「2050

年淨零排放」，並提升氣候治理層級、增訂氣候變遷調適專章，同時也納入「碳費」徵收制度，將對國內直接及間接排放源及高碳含量之進口產品徵收碳費。希望能在 2022 年年底將草案送交立法院審議，相關子法，如碳費徵收辦法，也會在母法通過之後加速制定，最快 2023 年可以開始徵收碳費。

根據《聯合報》相關新聞指出：「因應 2023 年歐盟執行碳邊境調整機制（CBAM）碳關稅的衝擊，我國也擬收取碳費，環保署原規劃第一階段徵收對象為每年排碳 2.5 萬公噸以上的『排碳大戶』，共有 287 家排放量共 2.27 億噸，」約占全國碳排 8 成，主要為發電業、鋼鐵業、石油煉製業、水泥業、半導體業等，其中 54% 碳排來自電力業。

在新聞中也指出：「因業界不斷喊話應『符合公平原則』，環保署研擬擴大徵收對象，但原則仍是『由大到小』分階段實施。」徵收碳費的措施，等於是要求業者將排碳的外部成本內部化，將牽動企業的內部成本，整體層面，要考量對於國內整個經濟環境帶來的衝擊，以及這些企業所生產的產品在全球供應市場上的競爭力，這些都需要連帶考慮，討論究竟年排碳量要到何種規模及程度才算大型排放源。由於現在台灣最主要碳排來源是電力業及製造業，住商部門不

會納入第一階段徵收對象。環保署預計將在 2022 年底提出子法，相關政策徵以及費用率也會更加明朗。

歐盟將從 2026 年開始開徵進口貨物碳關稅，全球經濟主要的供應鏈企業也對 2050 年淨零碳排的目標有共識。當然，台灣政府也無法自免於這樣的未來趨勢，目前已經著手修改溫室氣體管理辦法為《氣候變遷因應法》，並宣達未來會向排碳的「大戶」徵收碳費，國發會 2022 年 3 月也宣布將提出台灣 2050 年淨零碳排路徑。於此，世界各國紛紛提出自己的淨零碳排行動方案。

根據《台灣 2050 淨零排放路徑及策略總說明》（註 1）淨零路徑政策方向主要以「能源轉型」、「產業轉型」、「生活轉型」、「社會轉型」等四大轉型，及「科技研發」、「氣候法制」兩大治理基礎，輔以「十二項關鍵戰略」落實淨零轉型的目標。

其中，最攸關產業的能源與產業轉型，包括打造零碳能源系統 ，例如燃氣發電朝低碳、無碳化 ，燃煤發電逐步去煤、去碳。還有開創綠色成長 / 去碳能源技術出口，扶植零組件國產化打造綠能產業生態圈 ，以及建構氫能供需體系，以淨零為目標，強化氫能技術發展及應用 ，推動 CCUS 負碳技術應用加速碳捕捉、再利用技術研發，擴大應用規

模。

在協助產業淨零轉型方面，政府在政策上採用「以大帶小」的策略，以國營事業帶頭以身做則，與全國工業總會以及各個產業公會、協會攜手合作，從大型企業著手漸漸帶動他們的供應鏈與產業鏈，用擴散式引導的方式進行減碳宣導。根據經濟部的評估，依照我國目前所規劃的淨零路徑，最佳化的成果是在 2050 年，使全國再生能源的占比達到 80%，燃氣 10% 以及燃煤結合 CCS（碳捕捉、封存）的 8%。

目前世界各國的淨零路徑主要參考依據，是國際能源署（IEA）在 2021 年所公布的「2050 淨零：全球能源部門路徑圖」（Net Zero by 2050: A Roadmap for the Global Energy Sector），據 IEA 的規畫，是希望全球各國幾乎 90% 電力來自於再生能源，但是台灣因為排除核能為淨零選項，也並沒有像歐盟各國一樣訂下「禁售燃油車」的年限，加上台灣地狹人稠，而再生能源需要大量的土地，所以有部分學者憂心，台灣淨零路徑在現實上有推動的困境，這是亟待各界共同討論、解決的地方。

針對這些問題，目前國內個工商業界也時常發出建言，建議政府應更積極輔導業者，例如建立業者的碳盤查能力，由外部建構能夠查驗企業的碳排淨零能量的機制，而且其查

驗結果也可以被國際認可,如此就可以讓國內碳稅徵與碳邊境調整機制(CBAM)對接,避免雙重課稅、更健全國內企業與全球碳權交易機制步伐一致的環境。

▶金管會公布上市櫃公司永續發展路徑圖

永續發展路徑圖對整體金融層面產生的影響尤為重要,我國金融相關主管機關如證期會就有官員點出,目前全球淨零碳排相關政策將直接衝擊我國上市櫃公司,主要有三個方向:

一、歐盟即將從 2026 年開始開徵進口貨物碳關稅,如果企業還是維持過去高碳排製程生產產品,那產品根本就無法進入歐洲市場。

二、許多國際大品牌紛紛對所屬供應鏈的廠商要求淨零碳排,尤其是科技業,我國向來是全球電子產品、傳統製造產品主要的供應夥伴,如果跟不上國際大品牌的要求,將使得台灣的供應鏈相關廠商直接面臨經營上的風險。

三、基於全球金融體系也響應淨零碳排的政策,外資以及銀行將更加嚴謹地審視企業是否有確實落實 ESG 相關議題,這對外資持股達 44% 的台股市場來說,影響尤劇。

因此，根據金管會資料，金管會從 2022 年 1 月 13 日宣布了上市櫃公司永續發展路徑圖，預計在 2023 年到 2029 年七年時間，分別以 2023 年起為第一階段，針對資本額 100 億以上公司及鋼鐵、水泥業盤查個體公司，2025 年起為第二階段，擴及資本額 100 億以上公司及鋼鐵、水泥業合併報表子公司完成盤查，並擴及資本額 50 至 100 億公司盤查個體公司，2026 年起為第三階段，針對資本額 50 至 100 億公司合併報表子公司完成盤查，並擴及資本額 50 億以下公司盤查個體公司 2027 年起為第四階段，對資本額 50 億以下公司合併報表子公司完成盤查，到 2029 年達成全部的上市櫃公司都有能力執行「碳排查」，也就是在企業年報中揭露「用了多少碳」這個目標。

　　自 2017 年「氣候相關財報揭露」（註 2）宣布後，國際資本市場愈來愈重視淨零碳排，全球的主要金融機構也紛紛加入格拉斯哥淨零金融聯盟（註 3），由上述種種舉措來看，以價制量來抑制碳排放是目前必然的趨勢，台灣企業一定要開始學習如何將過去外部的碳排成本內部化，融入「碳帳」，做為運營的基礎。而金管會以「揭露」的方式展開碳盤查的具體行動方案，無疑結合了環保署與經濟部，為我國碳排淨零的推動，樹立一個新的里程碑。

▶ 台灣碳盤查專責機構嚴重不足

2022 年將成台灣產業普遍碳盤查元年。現階段，因應歐盟課徵碳關稅、以及國際大廠紛紛對供應鏈要求，台灣 19 萬家中小企業急需建立碳盤查以及減碳能力。但是過去因《溫管法》的規範，致力將國際公約內容納入，規定碳盤查需國際公司認證，這使得國內具有碳盤查認證資格的機構只有 7 家，不但量能不足而且價格也對企業產生壓力。

電電工會副祕書長顏素秋接受媒體採訪時，就曾舉例台灣 19 萬中小企業裡面，電電公會有三千多家會員廠商，政府其實可以委託公協會協助會員廠商做碳盤查。也有許多專家指出，政府可以依據減碳目標，每年核發「排放配額」（Emission Allowance）把減碳合理轉換成碳抵換來源，讓所有企業的供應鏈廠商一環扣一環，拉動下面的供應鏈，對於碳權比較沒有壓力的非製造業企業（如商業與金融業），輔以節能總量換抵碳權，這樣就能在供需兩端雙軌齊下。

而面對大部分企業人力資源不足的狀況，目前環保署也將檢討修法放寬資格，讓溫室氣體認證機構與許可的查驗機構能增加，普及碳排查的執行管道，針對市場在國內的廠商，也會修法開創出碳盤查的「國內機制」，讓打「國際賽」

與「國內賽」的企業都有一套可執行的遊戲規則，補足碳盤查能力的空缺及舒緩中小企業壓力。

目前各界對於碳費的估計，外傳環保署擬每公噸初期僅收百元；中研院經研所研究員蕭代基則是在相關研討活動中，公開以英國學界為建議，認為每噸應收新台幣 300 元；但國際貨幣基金（IMF）與綠色和平組織表示應達到每公噸 75 美元（約新台幣 2200 元），安侯永續發展顧問股份有限公司董事總經理黃正忠則曾在媒體專欄文章中指出「2021 年全球已有 61 個國家或地區已實施碳價機制，35 個採用碳稅，26 個採用碳總量管制驅動的碳排放交易體系（ETS）。世界銀行指出要達成巴黎協定控制增溫攝氏 2 度的目標，碳價格須達每噸 40 至 80 美元。」。

由於碳費的制定將直接影響到台灣企業在全球市場的競爭力，經濟部表示，我國一方面要參考世界主流的碳稅標準，但是也要考量到台灣是以出口導向為主的經貿型態，如果碳費過高是否會影響產業的生存（如石化、半導體），影響國內就業環境，這也是需要考量的重點。

▶碳中和，我們可以做些什麼？

一旦「碳中和」是未來 30 年的長期趨勢，無論是經濟增長模式和產業結構、能源結構的調整，還是消費模式、生活方式及生態建設，都將受此影響。因此本文在此也提出下列幾項建議：

一、給政府部門的建議：

政府掌握碳排淨零的「指導權」，必須以能夠與國際相接軌的目標願景，制定出一套包含整體策略、行動路徑、以及時間表上完全可以相配套的立法方案（太急或太緩都不適宜），整合環保、經濟、與技術，特別是在綠色金融市場這個大潮流上跟進國際腳步，為國內企業鋪設具有全球供應鏈競爭實力的藍圖。

二、給企業的建議：

企業活動正是碳排放的主體，因此碳中和的願景必須責無旁貸由全球企業共同承擔才有可能達成。所以企業界除宜密切追蹤品牌公司對供應鏈的減碳進度要求外，也要主動評估氣候變遷所帶來的風險、機會以及財務影

響。除了積極展開全方位的碳盤查，建立減碳目標，制定行動路線圖，建立上下游供應鏈的碳中和管理體系，也應該全面展開相關的人才培訓，並於各類永續報導及資訊揭露減碳進度及成果，配合政策推動企業內部碳訂價制度，以全面建立企業的淨零共識。

三、給金融機構的建議：

金融機構雖然不像製造業本身就是碳排放的主體，但是因為負有企業資金供給方的角色，所以可以建立完整的氣候投融資策略，在進行融資、放款、投資時，將碳排淨零的量化依據做為授信考量，與利害關係人有效溝通。另一方面，也可以在銀行的保險機構，將 ESG 納入平常的業務管理流程和風險管理體系。此外，更可積極透過創新綠色金融商品，例如綠色債券、綠色信用卡、或是以 ESG 為主題的基金（包含 ETF），還有與國際金融機制合作，進行跨區域的綠色金融專案，助力全球的碳中和行動。

四、給個人的建議：

企業雖然是碳排放的主體，但說到底，整個社會與企業

是由「人」所組成。所以我們每個人都應該從自身做起貫徹生活淨零，從食衣住行上減碳，善盡地球公民責任，畢竟地球生病，人類亦將無法安居。看看我們的日常生活，無論是交通往來、辦公室辦公、娛樂旅遊、飲食文化，方方面面都可以實現低能環保，例如行之有年的減用塑膠袋、吸管，還有減少肉類攝入，植樹造林，選擇搭乘、購置電動車，許多方面我們都可以透過就業、生活的種種選項，為碳中和貢獻一己之力。

1. 《臺灣 2050 淨零排放路徑及策略總說明》由國家發展委員會、行政院環境保護署、經濟部、科技部、交通部、內政部、行政院農業委員會、金融監督管理委員會，於 2022 年 3 月 30 日共同提出。

2. TCFD 為國際經濟合作論壇 G20 要求旗下的金融穩定委員會（Financial Stability Board, FSB）於 2015 年 9 月召開由公營和民營產業部門代表參加的會議，商討金融產業應如何考量氣候相關議題，於 2015 年 12 月成立氣候相關財務揭露工作小組（簡稱工作小組），於 2017 年 6 月正式發佈【氣候相關財務揭露】（Task Force on Climate-related Financial Disclosures, 簡稱 TCFD）。
資料來源：bsi

3. 格拉斯哥淨零金融聯盟（Glasgow Financial Alliance for Net Zero）於 2021 年由英國前任央行行長卡尼（Mark Carney）倡議之下成立，由 450 家銀行、保險業者和退休基金組成，擁有 130 兆美元資產，共同設立目標，協助全球企業在 2030 年實現減少其資產之碳排放量 50%，「最晚」在 2050 年之前達到淨零排放的目標。

陳榮隆 博士

▶ 台灣財富管理交流協會理事長
▶ 輔仁大學法律學院榮譽講座教授
▶ 富邦法學講座教授
▶ 德國海德堡大學與弗萊堡大學
　法學訪問學者
▶ 世界侵權法學會執行委員

　　陳榮隆教授為輔仁大學法學博士。曾任輔仁大學行政副校長、輔仁大學法律學院院長、行政院公共工程委員會甄審委員、行政院公平交易委員會委員及發言人、財團法人多層次傳銷保護基金會董事長、慈濟功德會榮譽董事、日本京都產業大學交換學者、日本神戶大學訪問學者。專業領域：民法、信託法、公平交易法、金融資產證券化條例、物權法。

楊淑卿 會計師

▶ 社團法人台北市稅務代理人協會
  理事長
▶ 國富浩華聯合會計師事會所合夥
  會計師
▶ 社團法人中華稅務代理人協會理事
▶ 中國租稅研究會監事

　　楊淑卿會計師為台灣大學會計研究所碩士、東吳大學法律研究所碩士。曾任財政部納稅者權利保護諮詢委員會委員、中華民國會計師公會全國聯合會稅制稅務委員會 主任委員、第一聯合會計師事務所合夥會計師、財政部賦稅署稽查。專業資格：高考會計師專門考試及格、高考一級會計審計人員考試及格、大陸註冊會計師考試全科及格、稅務代理人。

蘇錦霞 律師

▶ 衍義國際法律事務所所長 /
　主持律師
▶ 中華民國消費者文教基金會
　名譽董事長
▶ 台灣能源暨氣候變遷法學會理事長
▶ 台灣財富管理交流協會理事

　　蘇錦霞律師為輔仁大學法學碩士。曾任中華民國消費者
文教基金會董事長、台北律師公會常務理事／監事、經濟部
能源局 103 -109 年度「強化我國能源法律事務推動計畫」
計畫主持人、長期擔任財團法人海峽交流基金會（海基會）
之志工律師。專業領域：政府採購法、建築法規、消費者保
護法、公平交易法、能源相關法規、智慧財產權法及就業歧
視暨性別工作平等法。

王健安 律師

▶ 誠遠商務法律事務所合夥律師
▶ 台灣稅法學會秘書長
▶ 中華法務會計研究發展協會副秘書長
▶ 台灣財富管理交流協會理事

　　王健安律師為台灣大學法律研究所財稅法學碩士。曾任中華民國稅務會計教育基金會講師、記帳暨報稅代理業務人公會稅務實務爭訟課程講師、致理技術學院講師、衍義國際法律事務所合夥律師。專業領域：憲法行政法、行政救濟法、財政法、稅法、行政訴訟實務、會計、智慧財產法律。

成昀達 會計師

- ▶ 安得仕聯合會計師事務所合夥會計師
- ▶ 中華民國會計師公會全聯會評價暨鑑識會計委員會副主任委員
- ▶ 社團法人中華稅務代理人協會監事
- ▶ 社團法人台北市記帳士公會教育委員會主任委員
- ▶ 台灣財富管理交流協會 理事

　　成昀達會計師為政治大學會計學研究所稅務組碩士、安得仕聯合會計師事務所創辦人 / 所長。曾任國立台北商業大學會計資訊系講師、中華民國稅務會計教育基金會講師、台北市會計師公會工商委員會執行長、社團法人台北市記帳士公會理專業領域：國際租稅、企業暨無形資產評價、管理會計、商業會計法、中小企業營運管理、策略管理與執行輔導。

賴建呈 創辦人

▶ 台灣財富管理交流協會創辦人

　　賴建呈顧問為財稅諮詢專業顧問。曾任東漢實業行銷企劃經理，受邀至百合、城東、永安、大稻埕扶輪社，以及各大銀行、保險、證券等金融機構授課超過 500 場以上，並獲邀 104 教育訓練網、科技公司、國家衛生研究院擔任稅務講座主持顧問。

台灣財富管理交流協會

　　「台灣財富管理交流協會」是一個關注企業永續經營相關議題的研究單位，有感台灣中小企業受限於規模等因素，長時間與傳統記帳業者之共生關係緊密，唯缺少積極正面之互動性。企業的成長需求無限，若長期只著眼於基本稅帳務服務，而忽略企業內控的策略與規劃，不但組織運作無法順暢，更遑論企業的永續發展。

　　跨越新世紀，有志之會計專業服務者思圖突破傳統困境束縛，共組台灣財富管理交流協會，期許成為相關稅務法務的研究、論述與溝通平台，目標是透過整合財、稅、法等專業諮詢，協助台灣企業財務更穩健，以及培育財稅專業人才，共同擘畫國家社會發展的美好願景。（協會網址：https://www.ac-wmat.org）

協會官網　　　FB 粉專

財稅新布局：掌握 CFC&ESG 讓稅負變稅富

作　　者—台灣財富管理交流協會
主　　編—林正文
封面設計—林采薇、楊珮琪
美術設計—陳姿仔

董 事 長—趙政岷
出 版 者—時報文化出版企業股份有限公司
　　　　　108019 台北市和平西路三段 240 號七樓
　　　　　發行專線／（02）2306-6842
　　　　　讀者服務專線／0800-231-705、（02）2304-7103
　　　　　讀者服務傳真／（02）2304-6858
　　　　　郵撥／1934-4724 時報文化出版公司
　　　　　信箱／10899 臺北華江橋郵局第九九信箱
時報悅讀網— http://www.readingtimes.com.tw
法律顧問—理律法律事務所 陳長文律師、李念祖律師
印　　刷—勁達印刷股份有限公司
初版一刷— 2022 年 7 月 29 日
定　　價—新臺幣 380 元
（缺頁或破損的書，請寄回更換）

財稅新布局：掌握 CFC&ESG 讓稅負變稅富 / 台灣財富管理交流協會
著 . -- 一版 . -- 臺北市：時報文化出版 企業股份有限公司 , 2022.08
232 面；14.8*21 公分

ISBN 978-626-335-703-7(平裝)

1.CST: 稅務 2.CST: 財務管理

567　　　　　　　　　　　　　　111010764

ISBN 978-626-335-703-7
Printed in Taiwan